_____ 드림

백점엄마의
편식없는
매일밥상

백점엄마의
편식 없는
매일밥상

초판 1쇄 인쇄 2019년 9월 18일
초판 1쇄 발행 2019년 9월 25일

지은이 최현영

발행인 장상진
발행처 경향미디어
등록번호 제313-2002-477호
등록일자 2002년 1월 31일

주소 서울시 영등포구 양평동 2가 37-1번지 동아프라임밸리 507-508호
전화 1644-5613 | **팩스** 02) 304-5613

ⓒ최현영

ISBN 978-89-6518-300-6 13590

· 값은 표지에 있습니다.
· 파본은 구입하신 서점에서 바꿔드립니다.

백점엄마의
편식없는
매일밥상

최현영 지음

경향미디어

PROLOGUE

어릴 적 꿈이 동화작가였는데, 어쩌다 보니 동화 같은 밥상으로 책을 내게 되었네요. 제 밥상을 보고 당연히 어린아이를 키우고 있는 엄만 줄 아는 분이 많더라고요. 저는 고등학생 딸과 중학생 아들을 둔 중년의 평범한 엄마에요.

아이를 이만큼 키우고 보니 아이가 어렸을 적이 얼마나 좋았던지, 얼마나 행복한 시간이었는지 알게 되었어요. 편식하는 아이 때문에 그 행복한 시간을 전쟁 같은 시간으로 보내지 않길 바라며 이 책을 썼습니다.

즐거운 식사 시간이 될 수 있도록 함께 따라 해보고 아이들과 즐겁게 만들어봤으면 좋겠어요. 평생 먹는 밥, 너무 조급해하지 말고 먹는 음식이 조금씩 늘어날 수 있도록 기다려주고 노력해보세요.

이 책이 나오기까지 누구보다 응원해주고 지원해준 남편과 뭐든 해주고 싶게 만드는 딸 연우와 아들 우진이에게 고맙다는 말을 전합니다. 항상 응원해주는 인친님들도 정말 감사합니다.

최현영

CONTENTS

프롤로그 · 4
편식 잡는 10가지 방법 · 12

PART 1
재미있게 냠냠! 캐릭터 밥상

캐릭터 밥상 도구 · 16
캐릭터 밥상 쉽게 만드는 요령 · 18

CHAPTER 1
밥을 활용한 캐릭터

곰밥 · 22
구름밥 · 24
꼬꼬밥 · 26
돼지밥 · 28
별밥 · 30
소밥 · 32
스누피밥 · 34
오리밥 · 36
찰리브라운밥 · 38
토끼밥 · 40
토토로밥 · 42
흰둥이밥 · 44

CHAPTER 2
달걀을 활용한 캐릭터

미니언즈 달걀프라이 · 48
고양이 달걀프라이 · 49
곰 달걀프라이 · 50
꿀벌 달걀프라이 · 51
병아리 달걀프라이 · 52
토끼 달걀프라이 · 53

CHAPTER 3
냉동식품을 활용한 캐릭터

돈가스 곰 · 56
꼬마돈가스 강아지 · 58
스팸 토토로 · 60
용가리치킨 공룡 · 62
함박 곰 · 64
해시브라운 곰 · 66
해시브라운 토토로 · 68

CHAPTER 4
빵을 활용한 캐릭터

스폰지밥 식빵 ·72
롤케이크 달팽이 ·74
맘모스빵 토토로 ·76
모닝빵 곰 ·78
보름달빵 토끼 ·80

CHAPTER 5
채소를 활용한 캐릭터

김치 곰 ·84
김치 토끼 ·85
세발나물 공룡 ·86
시금치 토끼 ·87
시금치 트리 ·88
콩나물 기린 ·89

PART 2
다져서 만든 밥상

깍두기볶음밥 ·92
밥도그 ·94
새우볶음밥 ·96
소고기볶음밥 ·98
토토로 덮밥 ·100
반달 오므라이스 ·102
곰돌이 오므라이스 ·104
우주선 볶음밥 ·106

PART 3
다양한 조리법으로 만드는 밥상

CHAPTER 1
국·찌개

닭곰탕 · 112
목살김치찌개 · 114
불고기전골 · 116
주꾸미연포탕 · 118
차돌된장찌개 · 120

밥상이 풍성해지는 밑반찬 · 122

CHAPTER 2
구이·전

감자채전 · 126
김달걀말이 · 127
꽃달걀말이 · 128
부추전 · 129
사과달걀말이 · 130
삼치카레구이 · 131
크래미전 · 132

밥상이 풍성해지는 나물 · 133

CHAPTER 3
일품반찬

감자소시지볶음 · 138
등갈비김치찜 · 139
무쌈말이 · 140
베이컨마늘종볶음 · 141
토마토달걀볶음 · 142
삼치데리야키조림 · 143
차돌두부조림 · 144
토마토마리네이드 · 145
훈제오리볶음 · 146
베이컨채소말이 · 147
브로콜리새우볶음 · 148

CHAPTER 4
튀김

팝콘치킨 · 150
양파튀김 · 151
치킨텐더 · 152
파프리카튀김 · 153

CHAPTER 5
일품요리

간장국수 ·156
궁중떡볶이 ·158
닭데리야키 ·160
닭볶음탕 ·162
닭날개구이 ·164
목살스테이크 ·166
연어회덮밥 ·168
제육볶음 ·170
짜장밥 ·172
찹스테이크 ·174
케이준치킨샐러드 ·176
콩국수 ·178
토마토떡볶이 ·180
토마토카레 ·182

CHAPTER 6
김밥

달걀말이김밥 ·186
곰돌이김밥 ·188
달팽이김밥 ·190
스팸무스비 ·192
냥이댕이유부초밥 ·194
토끼김밥 ·196

CHAPTER 7
빵·샌드위치

BLT샌드위치 ·200
길거리토스트 ·202
또띠아롤 ·204
또띠아피자 ·206
마늘피자 ·208
모닝샐러드빵 ·210
몬테크리스토샌드위치 ·212
불고기버거 ·214
치아바타샌드위치 ·216

밥상이 풍성해지는 과일 장식 · 218
밥상이 풍성해지는 과일 주스 · 224

PART 4
다양한 용기에 담는 밥상

CHAPTER 1
도시락에 담아 냠냠!

토끼 도시락 · 230
토토로 도시락 · 232
오리 도시락 · 234
달팽이 도시락 · 236
크리스마스 트리 도시락 · 238

CHAPTER 2
트레이에 담아 냠냠!

고양이 트레이 · 242
젖소 트레이 · 243
꼬꼬 트레이 · 244
토끼 트레이 · 245
돼지 트레이 · 246
악어 트레이 · 247
연어 트레이 · 248

CHAPTER 3
접시에 담아 냠냠!

토끼 원플레이트 · 250
곰돌이 원플레이트 · 252
곰곰 원플레이트 · 254
토토로 원플레이트 · 256
호빵맨 원플레이트 · 258

CHAPTER 4
식판에 담아 냠냠!

찰리브라운 식판 · 262
공룡 식판 · 263
토끼 식판 · 264
아기토끼 식판 · 265
스누피 식판 · 266
토토로 식판 · 267
햇님 식판 · 268
밥도그 식판 · 269
오리 식판 · 270
꼬꼬 식판 · 271
곰가족 식판 · 272
곰돌이 식판 · 273

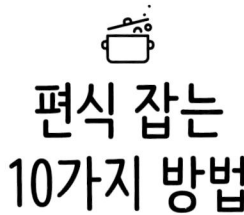

편식 잡는
10가지 방법

모든 음식을 잘 먹어주면 좋으련만 그렇지 않은 아이가 대부분이죠. 그러나 그 정도가 심하거나, 아이가 또래보다 작거나 말랐거나 살이 찌면 고민이 이만저만이 아니죠. 밥을 안 먹는 아이, 채소를 안 먹는 아이, 과일을 안 먹는 아이, 고기를 안 먹는 아이… 참 다양한 편식이 있어요. 편식하는 이유도 다양하죠.

① 이유를 찾아보세요

아이와 차분히 이야기해보세요. 무조건 "이거 먹어야 키 크지.", "너 이거 안 먹으면 키 안 큰다."라는 말보다 "아, ○○는 이게 싫구나. 왜 싫어? 어떤 게 싫어?" 하며 아이와 대화해 보세요. "냄새가 싫어.", "색깔이 싫어.", "그냥 싫어.", "물컹거려." 하고 아이가 이유를 대면 "그게 싫었구나. 그럼 다른 방법을 찾아보자!" 하고 공감해주세요. 그리고 조리방법을 바꾼다든지, 좋아하는 모양으로 바꿔 준다든지 해서 아이가 싫어하는 원인을 제거해보세요.
그런데 만약 먹어보지도 않고 싫다고 한다면 그땐 단호함이 필요합니다. "한 번도 안 먹어봤잖아. 네가 생각한 것보다 훨씬 근사할 수도 있어. 조금 먹어보고 결정하자. 너무 싫으면 한 번 씹어보고 뱉어도 돼."라며 무조건 안 먹는 경우는 없도록 해주세요.

② 어릴수록 좋아요

편식은 특정 음식에 대한 거부감이 길어질수록 고치기 어렵습니다. 이유식 시기부터 다양한 음식을 접할 수 있도록 해주세요.

③ 5대 영양소를 골고루 섭취할 수 있도록 해주세요

모든 음식을 다 잘 먹을 수는 없어요. 다른 음식으로 대체해보세요. 하지만 특정한 영양소를 섭취하지 않으면 성장에 큰 지장을 줍니다. 아이가 먹는 음식이나 양을 체크해서(매일 사진을 찍어 놓으면 좋아요.) 특정 영양소가 부족하지 않도록 해주세요.

④ 식사 시간과 장소를 지켜주세요

가급적 일정한 시간에 밥과 간식을 주는 게 좋아요. 불규칙하게 주다 보면 좋은 식습관을 잡아주기가 어려워요. 편식을 고치고 올바른 식습관을 잡으려면 일관성이 매우 중요합니다.

⑤ 엄마 아빠의 식습관을 돌아보세요

식습관은 부모를 닮는 경우가 아주 많습니다. 엄마 아빠가 맛있게 먹는 모습을 보여주세요. 그러면 먹어보라고 강요하지 않아도 엄마 아빠가 맛있게 먹는 음식에 흥미와 호감을 보입니다.

⑥ 가리는 음식을 아이 눈에 띄게 놓아주세요

먹지 않더라도 일단은 식탁에 자주 놓아주세요. 음식을 자주 접하게 되면 거부감이 줄어들 거에요.

⑦ 캐릭터로 만들어서 놓아주세요

예쁘지 않아도, 정교하지 않아도 괜찮아요. 아이가 음식에 흥미와 호감을 가질 수 있도록 캐릭터로 만들어주세요. 아이가 요리에 참여할 수 있으면 더 좋아요. 요리에 참여하면 그 음식에 대한 애착이 생겨 잘 먹을 수 있어요.

⑧ 재료를 다져서 만들어보세요

안 먹는다고 안 먹일 순 없죠. 다져서라도 골고루 섭취할 수 있도록 해주세요. 처음에는 아주 잘게 다지다가 점점 굵게 다져주세요. 최종적으로는 그 음식을 온전히 먹게 하는 것이니 음식맛을 알려주는 것이 중요합니다.

⑨ 아이가 맛있게 먹도록 신경 써보세요

일단은 맛이 있어야 해요. 아이가 맛있게 먹을 수 있도록 다양한 조리법으로 맛있게 만들어주세요.

⑩ 다양한 용기에 담아보세요

아이들은 싫증을 잘 내며, 새로운 것에 흥미를 잘 느끼죠. 담는 그릇이나 담는 방법을 달리하여 흥미를 유발해보세요. 때론 도시락에, 때론 식판에, 때론 트레이에, 때론 커다란 접시에 담아 색다른 기분으로 먹을 수 있도록 해주세요.

PART 1
재미있게 냠냠! 캐릭터 밥상

캐릭터 밥상이라고 하면 '금손이나 하는 것이지 나는 똥손이라 안 돼.' 하고 포기하는 사람이 많은 것 같아요. 저 또한 그랬어요. 제가 2년여 동안 캐릭터 밥상을 만들면서 터득한 방법을 소개할게요. 간단한 도구로 정말 쉽게 할 수 있는 노하우를 정리했습니다.

완벽하지 않아도 캐릭터 밥상은 아이들이 무척 좋아합니다. 아이와 함께 만들면 음식에 대한 거부감을 많이 줄일 수 있어요. 알고 보면 만만한 캐릭터 밥상, 한번 도전해보세요.

캐릭터 밥상 도구

김 펀치

캐릭터 밥상을 만들 때 제일 어려워하는 게 김 오리는 거에요. 김 펀치가 있으면 오리는 작업이 간단해집니다. 너무 저렴한 제품은 김이 찢겨요. 아네스토 제품이 제일 좋아요.

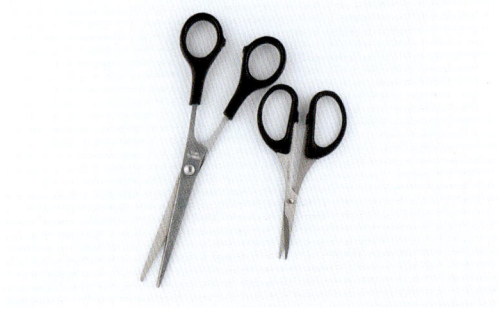

가위

김을 자를 때 이용하는 가위는 너무 큰 가위보다는 공예용 가위나 미용가위를 이용하는 게 좋아요.

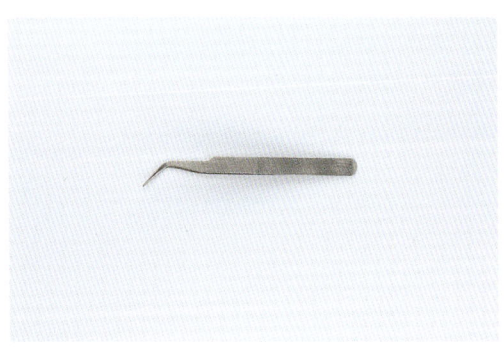

핀셋

공예용 핀셋이나 네일용 핀셋을 이용하면 좋아요. 끝이 'ㄱ'자로 되어 있는 게 편해요.

모양틀

치즈나 채소를 찍을 때 필요해요. 다이소에서 저렴한 가격으로 구매할 수 있어요.

빨대
치즈를 찍을 때 유용하게 쓰입니다. 에이드용 빨대가 가장 좋아요.

쿠키틀
다양한 모양의 쿠키틀로 쉽고 재미있는 모양을 만들 수 있어요.

알파벳 쿠키틀
밥상을 꾸밀 때 아주 유용해요. 아이 이름을 써주거나 캐릭터 이름을 써주세요.

ABC 쿠키
캐릭터 밥상을 재미있게 꾸밀 수 있어요.

약통
케첩이나 마요네즈를 넣어 이용할 때 좋아요.

도시락 픽
여러 가지 도시락 픽으로 캐릭터 밥상을 아기자기하게 꾸밀 수 있어요.

캐릭터 밥상
쉽게 만드는 요령

캐릭터 밥상을 만든다고 하면 시간이 얼마나 걸리느냐, 음식이 다 식지 않느냐는 질문을 많이 받습니다. 처음 만들 때에는 시간이 정말 오래 걸렸고 음식도 다 식어버렸어요. 그런데 만들다 보니 저절로 요령을 터득하게 되었어요. 다음 요령대로 만들면 빠른 시간 안에 만들 수 있어요.

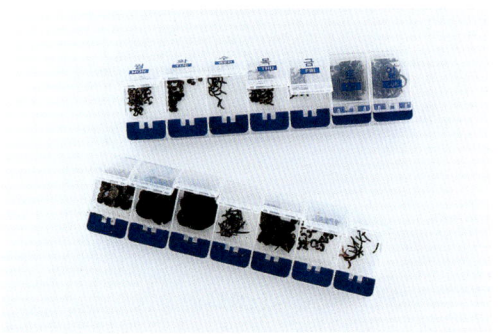

약통 이용하기
만들 때마다 김 펀치로 뚫고 가위로 오리기는 힘들어요. 김 펀치로 한꺼번에 많이 뚫어서, 또 가위로 자주 쓰는 모양을 잘라서 약통에 넣어 두면 만드는 시간을 단축할 수 있어요.

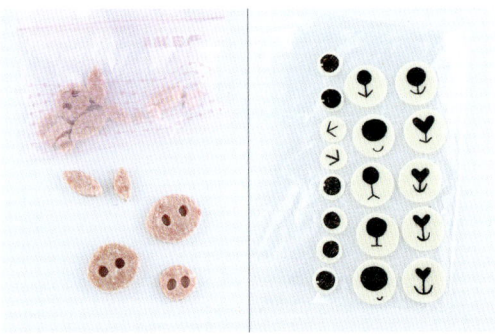

냉동실에 보관하기
자주 쓰는 눈이나 코 등을 한꺼번에 다량 만들어서 비닐에 평평하게 깔아 냉동칸에 잠시 넣어 얼린 뒤 지퍼백에 담아 보관해 두세요. 소시지로 돼지코나 귀도 미리 만들어서 사용하면 좋아요.

밥통에 보관하기
밥을 랩으로 모양을 잡아 밥통에 넣어두었다가 밥이 필요한 과정이 됐을 때 꺼내면 식지 않게 만들 수 있어요.

치즈 다루기
치즈는 비닐을 깐 상태에서 하세요. 그래야 바닥에 붙지 않아요.

김 다루기
김을 자를 때에는 3~4겹 겹쳐서 자르세요. 그러면 김에 힘이 생겨 찢어지지 않고 잘 잘려요.

밥 모양 잡기
밥 모양을 잡을 때에는 랩을 이용하세요. 위생장갑을 끼고 모양을 잡으면 예쁘게 모양을 잡기 어려워요.

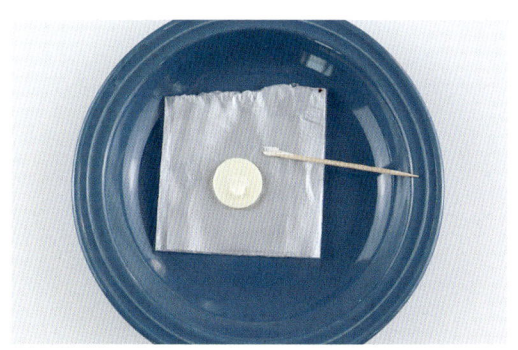

재료 붙이기
치즈를 달걀에 붙이거나 떨어지기 쉬운 재료에 붙일 때에는 마요네즈를 이용하세요. 이쑤시개에 살짝 마요네즈를 묻혀 치즈 뒷면에 바르면 재료에 쉽게 붙일 수 있어요.

콩 다루기
콩을 이용하면 눈이나 코를 쉽게 만들 수 있어요. 콩은 살짝 데쳐 식힌 후 냉동실에 보관해두면 좋아요.

○ CHAPTER 1 ○

밥을 활용한 캐릭터

가장 기본이 되는 밥으로 다양한 캐릭터를 만들어
밥 먹는 즐거움을 알려주세요.

- 랩을 이용하세요. 밥이 뜨거울 때 랩으로 감싼 후 모양을 잡아주세요.
- 김은 치즈나 밥이 한 김 식으면 사용하세요. 밥이 뜨거울 때 붙이면 김은 울고 치즈는 녹습니다.
- 눈이나 코는 콩, 젤리 등 다양한 음식을 이용해도 좋아요.
- 아이와 함께하면 좋아요. 콩이나 젤리 등 다양한 재료를 놓아주고 아이가 골라 눈이나 코를 만들어 붙이면 좋아요.

곰밥

🍲 **재료** | 흑미밥, 치즈, 김

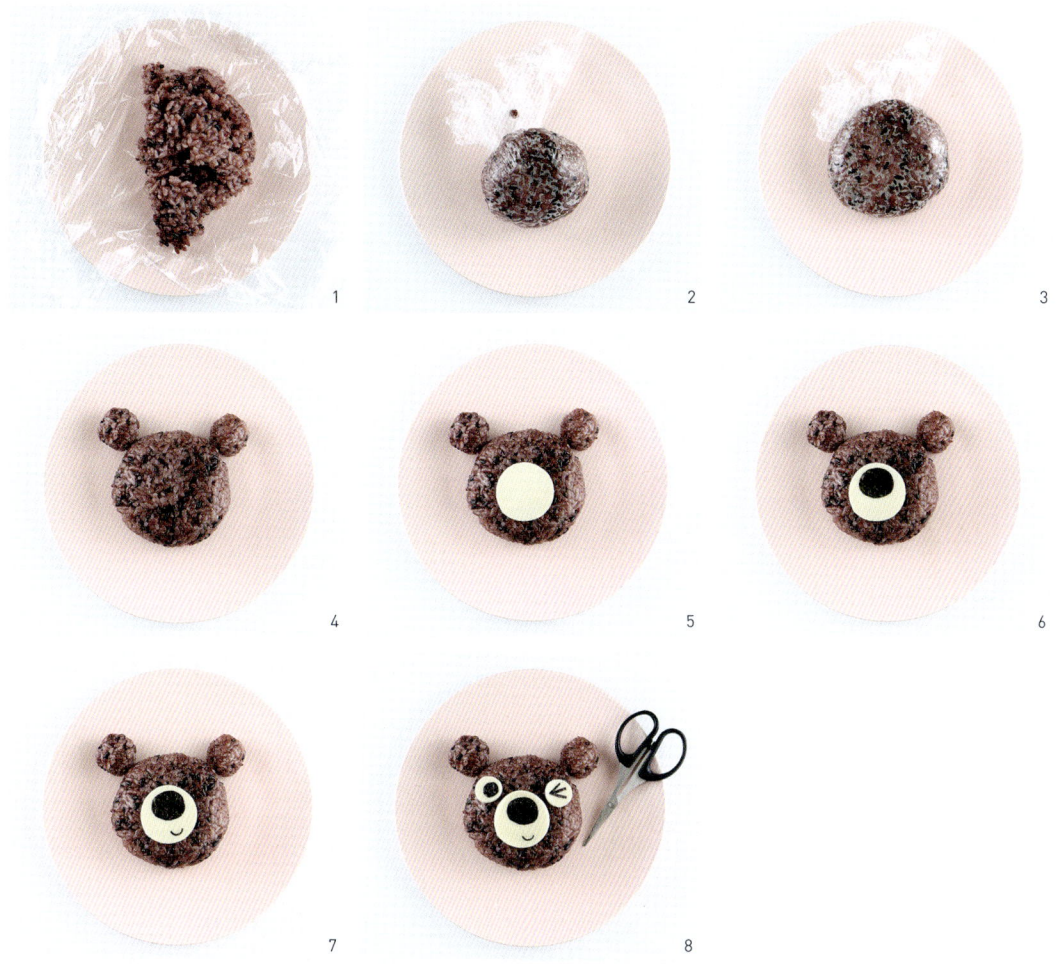

1 접시에 랩을 깔고 흑미밥을 올려준다.
2 1을 랩으로 동그랗게 뭉쳐준다.
3 손바닥으로 눌러준 후 모양을 잡아준다.
4 랩으로 동그랗게 뭉친 흑미밥 귀를 붙여준다.
5 치즈를 붙여준다.
6 김을 가위로 잘라 코를 붙여준다.
7 김을 가위로 잘라 입을 붙여준다.
8 김을 가위로 잘라 눈동자를 붙여준다.

구름밥

재료 | 백미밥, 검은콩, 완두콩, 슬라이스햄, 김

1 접시에 랩을 깔고 백미밥을 올려준다.
2 랩으로 동그랗게 뭉쳐준다.
3 손바닥으로 눌러준 후 모양을 잡아준다.
4 젓가락으로 구름 모양을 잡아준다.
5 랩을 벗기고 젓가락으로 더 정교하게 모양을 잡아준다.
6 검은콩으로 눈을 붙여준다.
7 완두콩으로 코를 붙여준다.
8 김으로 입을 붙여주고 빨대로 찍어 오린 슬라이스햄으로 볼 터치를 표현해준다.

꼬꼬밥

🍲 **재료** | 백미밥, 당근, 검은콩, 빨간 파프리카, 상추

1 접시에 랩을 깔고 백미밥을 올려준다.
2 랩으로 동그랗게 뭉쳐준다.
3 손바닥으로 눌러준 후 모양을 잡아준다.
4 젓가락으로 모양을 잡아준다.
5 당근을 칼로 잘라 부리와 다리를 만들어준다.
6 검은콩으로 눈을 붙여준다.
7 상추로 날개를 붙여준다.
8 파프리카를 칼로 잘라 닭벼슬과 고기수염을 만들어준다.

돼지밥

 **재료** | 백미밥, 김, 분홍 소시지

1 접시에 랩을 깔고 백미밥을 올려준다.
2 랩으로 동그랗게 뭉쳐준다.
3 손바닥으로 눌러준 후 모양을 잡아준다.
4 동그란 틀을 이용해 타원형으로 코를 만들어준다.
5 빨대로 콧구멍을 뚫어준다.
6 동그란 틀을 이용해 귀를 만들어준다.
7 볼 터치는 과정 5에서 남은 부분을 이용한다.
8 김 펀치로 뚫은 김으로 돼지의 눈, 눈썹, 입을 붙여준다.

별밥

재료 | 강황밥, 검은콩, 완두콩, 김, 케첩

1 강황밥을 랩으로 뭉쳐준다.
2 손바닥으로 눌러준 후 모양을 잡아준다.
3 젓가락으로 모양을 잡아준다.
4 랩을 씌운 채로 별 모양을 잡아준다.
5 랩을 벗긴다.
6 검은콩으로 눈을 붙여준다.
7 완두콩으로 코를 붙여준다.
8 김을 가위로 잘라 입을 붙여주고 젓가락으로 케첩을 찍어 볼 터치를 표현해준다.

소밥

재료 | 백미밥, 간장, 비엔나소시지, 치즈, 김, 오이고추

1 접시에 랩을 깔고 백미밥을 올려준다.
2 랩으로 뭉쳐준다.
3 백미밥에 간장을 섞어 색을 내준 후 랩으로 모양을 잡아준다.
4 색을 내준 밥으로 귀를 만들어준다.
5 비앤나소시지를 잘라 콧구멍을 만들어준다.
6 치즈와 김으로 눈을 만들어준다.
7 김 펀치로 자른 김으로 입을 붙여준다.
8 오이고추로 뿔을 만들어준다.

스누피밥

 **재료** | 백미밥, 김, 검은콩

1 접시에 랩을 깔고 백미밥을 올려준다.
2 랩으로 동그랗게 뭉쳐준다.
3 손바닥으로 눌러준 후 모양을 잡아준다.
4 스누피 모양을 잡아준다.
5 심을 가위로 잘라 귀를 붙여준다.
6 검은콩으로 코를 붙여준다.
7 김을 가위로 잘라 눈을 붙여준다.
8 김을 가위로 잘라 입을 붙여준다.

오리밥

재료 | 강황밥, 당근, 검은콩, 케첩, 상추

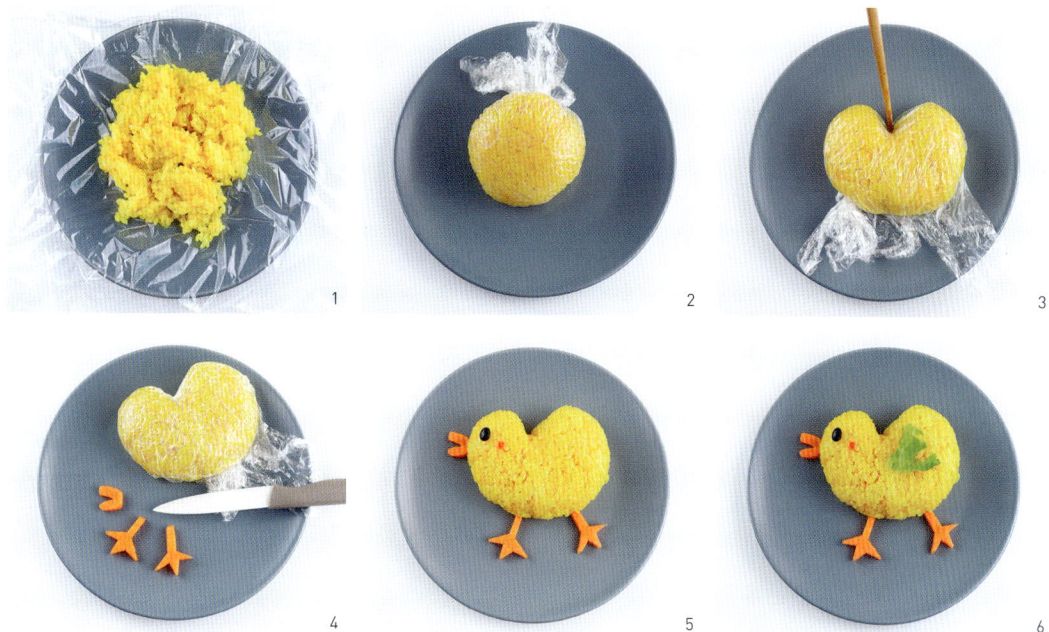

1 접시에 랩을 깔고 강황밥을 올려준다.
2 랩으로 동그랗게 뭉쳐준다.
3 젓가락으로 모양을 잡아준다.
4 당근을 잘라 부리와 다리를 만든다.
5 검은콩으로 눈을 붙여주고 케첩으로 볼 터치를 표현해준다.
6 상추로 날개를 붙여준다.

찰리브라운밥

재료 | 백미밥, 케첩, 검은콩, 김

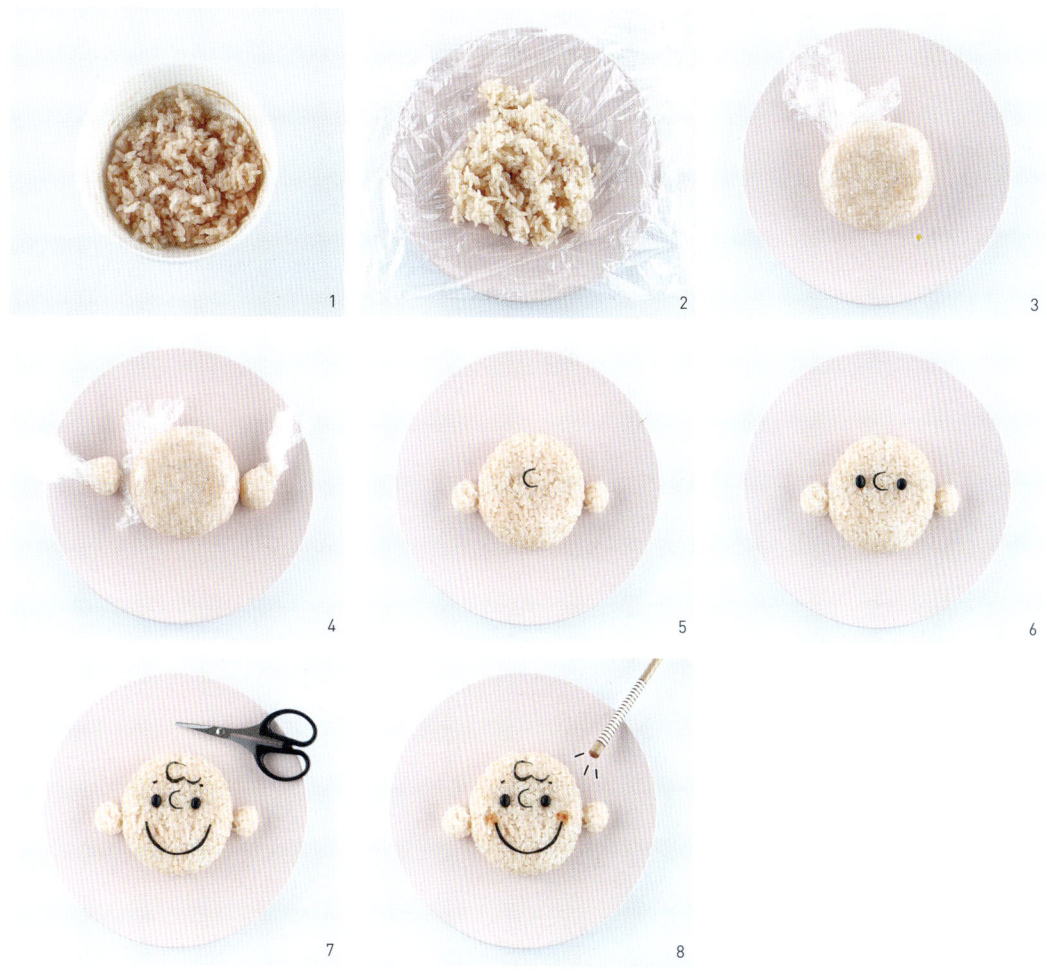

1   백미밥에 케첩을 섞어 색을 내어준다.
2   접시에 랩을 깔고 밥을 올려준다.
3   밥을 뭉쳐준 후 손바닥으로 눌러 모양을 잡아준다.
4   랩으로 밥을 뭉쳐 귀를 만들어준다.
5   김을 가위로 잘라 코를 붙여준다.
6   검은콩으로 눈을 붙여준다.
7   김을 가위로 잘라 머리카락, 눈썹, 입을 붙여준다.
8   젓가락으로 케첩을 찍어 볼 터치를 표현해준다.

토끼밥

 재료 | 백미밥, 김, 검은콩, 케첩

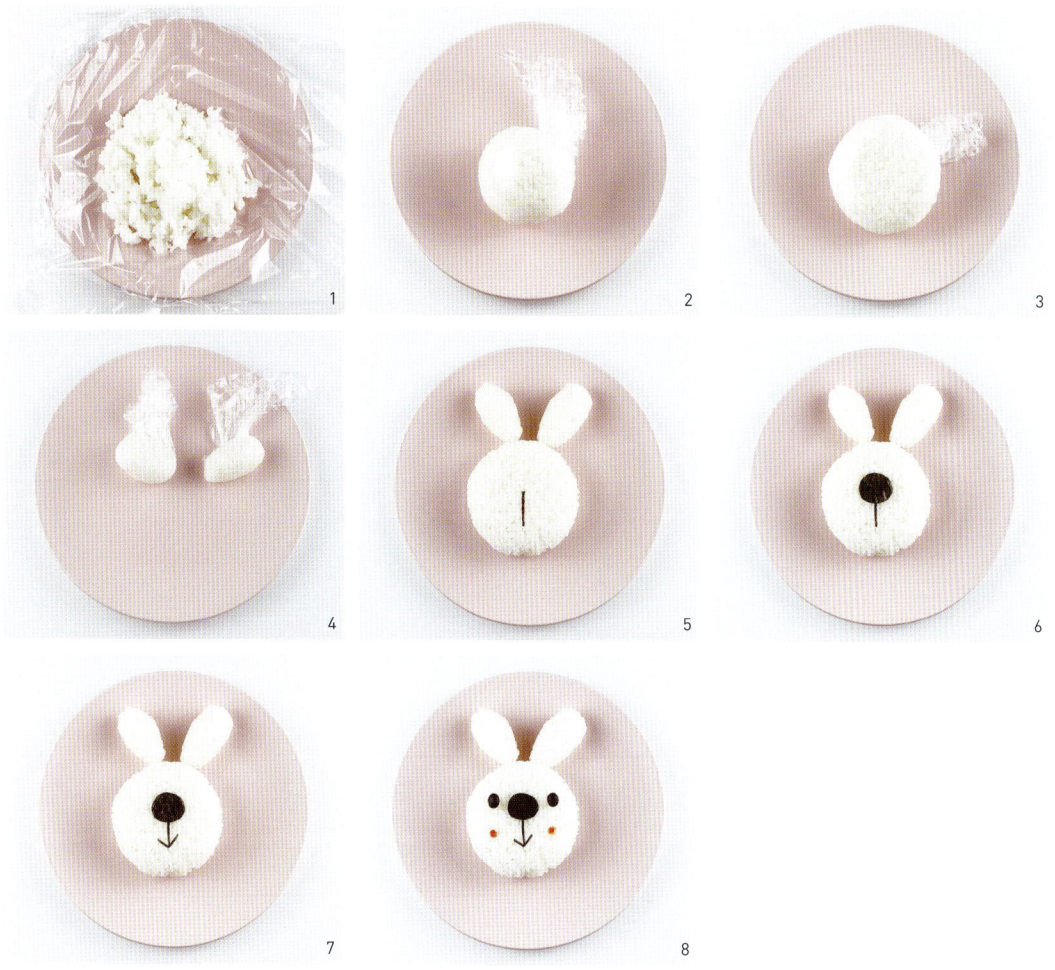

1   접시에 랩을 깔고 백미밥을 올려준다.
2   랩으로 동그랗게 뭉쳐준다.
3   손바닥으로 눌러 모양을 잡아준다.
4   랩으로 뭉쳐 귀를 만든다.
5   김을 가위로 잘라 인중을 붙여준다.
6   김을 가위로 잘라 코를 붙여준다.
7   김을 가위로 잘라 입을 붙여준다.
8   검은콩으로 눈을 붙여주고, 젓가락으로 케첩을 찍어 볼 터치를 표현해준다.

토토로밥

재료 | 흑미밥, 백미밥, 치즈, 김, 당근, 튀긴 스파게티면

1   접시에 랩을 깔고 흑미밥을 올려준다.
2   랩으로 동그랗게 뭉쳐준다.
3   토토로 모양을 잡아준다.
4   백미밥을 랩으로 싸서 배 부분을 만들어준다.
5   치즈와 김을 빨대와 일공 펀치로 찍어 눈을 만들어준다.
6   당근을 잘라 코를 만들어준다.
7   김 펀치로 김을 자른 후 이쑤시개에 물을 묻혀 찍어 배 부분에 옮겨준다.
8   튀긴 스파게티면으로 수염을 붙여준다.

흰둥이밥

 재료 | 백미밥, 맛살, 김, 슬라이스햄

1　랩으로 백미밥을 뭉쳐 머리와 몸통을 만든다.

2　같은 방법으로 귀와 꼬리도 만들어준다.

3　맛살을 찢어 목 부분에 둘러서 목줄을 만들어준다.

4　김을 가위로 잘라 눈썹을 만들어준다.

5　일공 펀치로 김을 뚫어 눈을 만들어준다.

6　김을 가위로 잘라 입을 만들어준다.

7　김을 가위로 잘라 발을 만들어준다.

8　슬라이스햄을 모양틀로 찍어 볼 터치를 표현해준다.

◦ CHAPTER 2 ◦

달걀을 활용한 캐릭터

가장 간단하고 보기에도 예쁜 달걀프라이를 활용하여
식탁에 포인트를 만들어보세요.

- 노른자가 터지지 않도록 조심하며 핀셋을 이용하여 옮겨주세요.
- 치즈나 당근을 붙일 때에는 뒷면에 이쑤시개를 이용해 마요네즈를 발라주세요. 그렇지 않으면 치즈가 흘러내려요.
- 아이와 함께하면 좋아요. 젓가락으로 "준비, 땅!" 신호와 함께 노른자를 터트려보라고 해보세요. 흘러나오는 노른자를 재미있어 할 거예요.

미니언즈 달걀프라이

 재료

달걀
치즈
체다치즈
김

1 달걀프라이를 동그란 틀로 찍어준다.
2 치즈를 이쑤시개로 잘라 모자와 몸통을 만들어준다.
3 김을 가위로 잘라 줄무늬를 만들어준다.
4 김을 가위로 잘라 눈부분에 띠를 붙여준다.
5 치즈와 김으로 눈을 만들어주고 조금 크게 자른 김을 테두리가 보이게 붙여준다.
6 체다치즈를 모양틀로 찍어 반원을 만들어준다.
7 6을 눈에 붙여준다.
8 김 펀치로 김을 잘라 입을 만들어준다.

고양이 달걀프라이

 재료

달걀
맛살
김

1 달걀프라이를 동그란 틀로 찍어준다.
2 잘라놓은 흰자 부분을 가위로 잘라 귀를 만들어준다.
3 맛살의 빨간 부분을 얇게 찢어 가위로 잘라준다.
4 김을 가위로 잘라 코, 인중, 입을 만들어준다.
5 김을 가위로 잘라 줄무늬와 수염을 만들어준다.
6 일공 펀치로 김을 뚫어 눈을 만들어준다.

곰 달걀프라이

 재료

달걀
치즈
체다치즈
김
마요네즈

1 달걀프라이를 동그란 틀로 찍어준다.
2 치즈를 틀로 찍어준 후 인중을 붙인다.
3 이쑤시개로 마요네즈를 묻혀준다.
4 김을 가위로 잘라 눈, 코, 입을 붙여준다.
5 체다치즈를 틀로 찍어 귀를 만들어준다.
6 귀를 붙여준다.

꿀벌 달걀프라이

 **재료**

달걀
김
치즈
슬라이스햄
마요네즈

1 달걀프라이를 꽃틀로 찍어준다.
2 김을 가위로 잘라 줄무늬와 침을 만들어준다.
3 치즈는 빨대로 찍어주고 김 펀치로 눈동자를 만들어준다.
4 치즈 뒷면에 마요네즈를 발라 얼굴 부분에 붙여준다.
5 김 펀치로 입을 만들어준다.
6 슬라이스햄을 틀로 찍어 날개를 만들어준다.

병아리 달걀프라이

 | 재료 |

달걀
당근
김
어린잎

1 달걀프라이를 꽃틀로 찍어준다.
2 당근을 잘라 부리를 붙여준다.
3 일공 펀치로 김을 뚫어 눈을 만들어 붙여준다.
4 김을 가위로 잘라 다리를 붙여준다.
5 김을 가위로 잘라 발을 붙여준다.
6 어린잎으로 날개를 만들어준다.

토끼 달걀프라이

 재료

달걀
김
체다치즈

1 달걀프라이를 동그란 틀로 찍어준다.
2 이쑤시개로 체다치즈를 귀 모양으로 도려낸다.
3 잘라준 체다치즈로 귀를 붙여준다.
4 김을 잘라 인중을 붙여준다.
5 김을 잘라 코와 입을 붙여준다.
6 김 펀치로 눈을 만들어 붙여준다.

식품첨가물 제거법

· 통조림은 따서 찬물로 한 번 씻어주세요.
· 맛살은 사용 전에 찬물에 담가주세요.
· 스팸은 사용 전에 뜨거운 물에 데쳐주세요.
· 단무지는 개봉 후 찬물에 5분간 담가주세요.
· 베이컨과 소시지는 사용 전에 끓는 물에 데쳐주세요.
· 어묵은 사용 전에 뜨거운 물에 데쳐주세요.
· 두부는 사용 전에 찬물에 10분 정도 담가주세요.

◦ CHAPTER 3 ◦

냉동식품을 활용한 캐릭터

냉동식품을 전혀 안 먹이며 아이를 키우기는 쉽지 않죠.
냉동식품이라도 정성을 더해 예쁘게 꾸며보세요.

- 너무 뜨거울 때 치즈를 붙이면 다 녹으니 한 김 식힌 후 붙여주세요.
- 아이와 함께하면 좋아요. 방울토마토, 블루베리, 딸기 등 과일로 귀나 코 등을 만들어보라고 해보세요. 미니 약과, 콩, 젤리, 과자 등을 이용해도 좋아요.

돈가스 곰

재료 | 돈가스, 치즈, 체다치즈, 방울토마토, 김

1 틀로 찍은 치즈를 돈가스 위에 붙여준다.
2 방울토마토를 잘라 코를 만들어준다.
3 김 펀치를 이용해 입을 만들어준다.
4 모양깍지로 체다치즈를 찍어 눈을 붙여준다.
5 김을 가위로 잘라 눈동자를 만들어준다.
6 모양틀로 체다치즈를 찍어 귀를 만들어준다.

꼬마돈가스 강아지

 재료 꼬마돈가스, 치즈, 김, 완두콩, 튀긴 스파게티면, 마요네즈

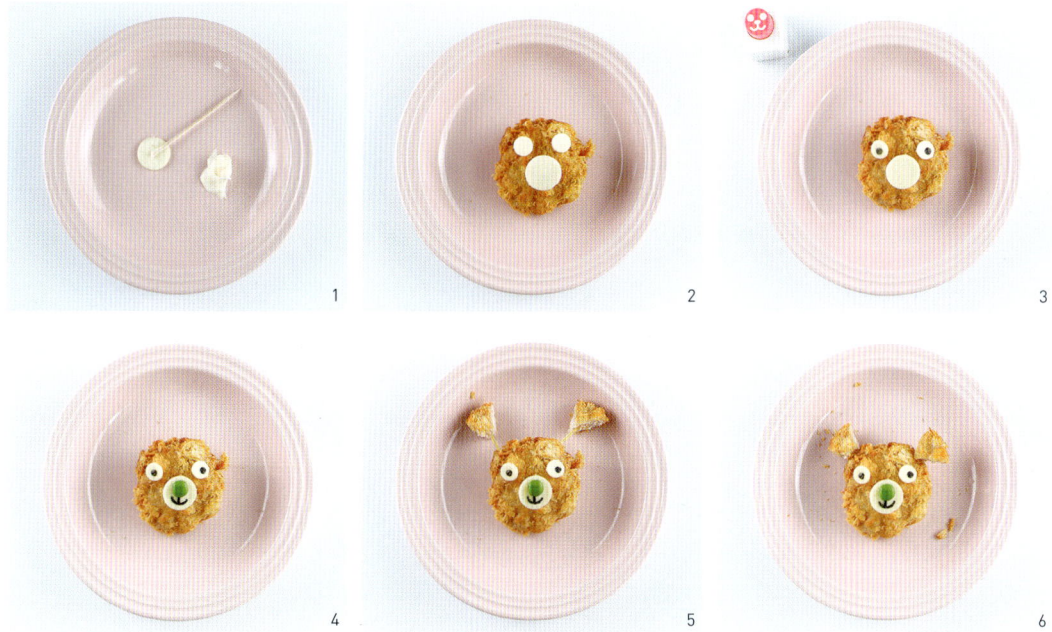

1 치즈 뒷면에 마요네즈를 발라준다.
2 꼬마돈가스 위에 붙여준다.
3 김 펀치로 김을 뚫어 눈동자를 붙여준다.
4 완두콩으로 코를 붙여주고 김으로 입을 붙여준다.
5 돈가스를 잘라 귀를 만들고 튀긴 스파게티면을 꽂아준다.
6 돈가스 귀를 얼굴에 꽂아준다.

스팸 토토로

재료 | 스팸, 김, 치즈

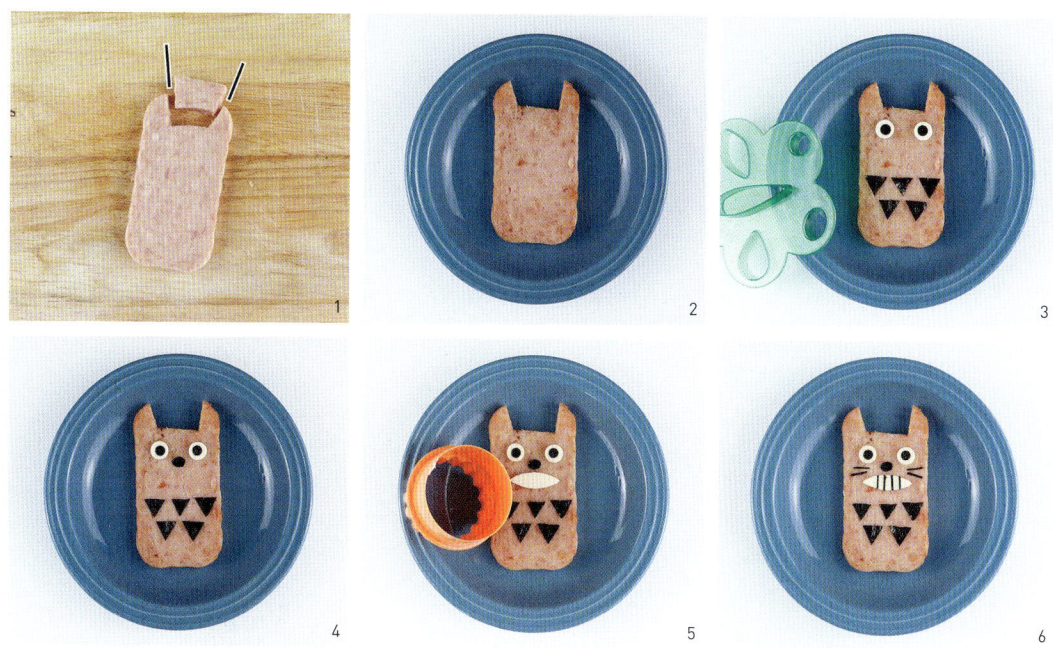

1 스팸을 잘라준다.
2 팬에서 1을 구워준다.
3 모양틀을 이용하여 눈을 만들어주고, 김을 가위로 잘라 눈동자와 모양을 만들어준다.
4 김을 가위로 잘라 코를 붙어준다.
5 동그란 틀로 치즈를 찍어 입을 만들어준다.
6 김을 가위로 잘라 수염과 이빨을 만들어준다.

용가리치킨 공룡

 재료 | 용가리치킨, 김, 치즈, 부추, 파프리카, 튀긴 스파게티면

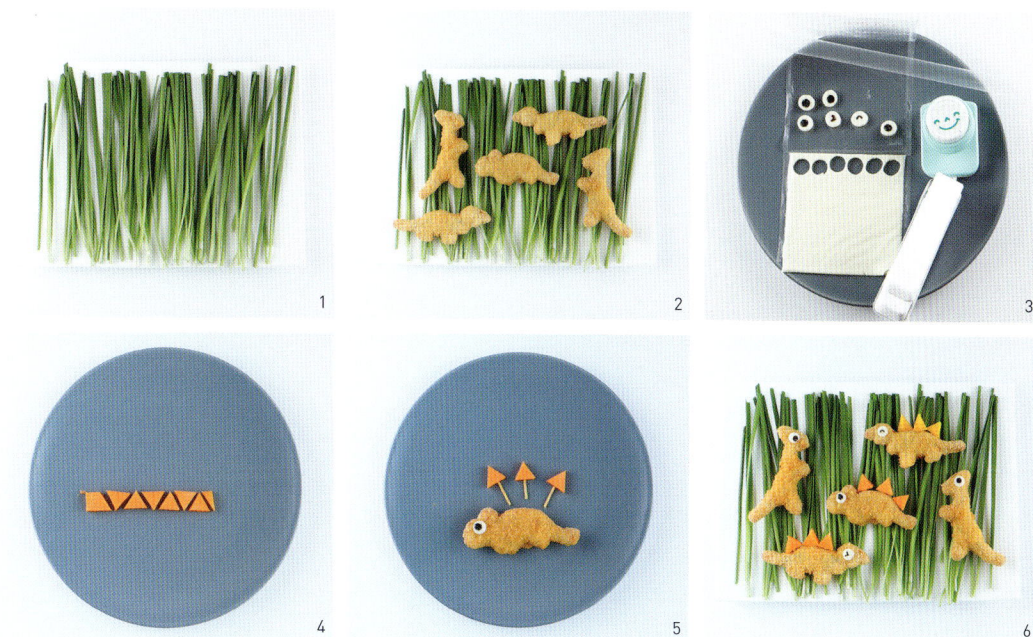

1 접시에 부추를 깔아준다.
2 튀긴 용가리치킨을 다양한 각도로 놓아준다.
3 치즈를 빨대와 일공 펀치로 뚫어 눈을 만들어준다.
4 파프리카를 세모 모양으로 잘라준다.
5 4에 튀긴 스파게티면을 꽂아 몸통에 이어준다.
6 눈을 붙여준다.

함박 곰

재료 | 함박스테이크, 치즈, 김, 미니 약과

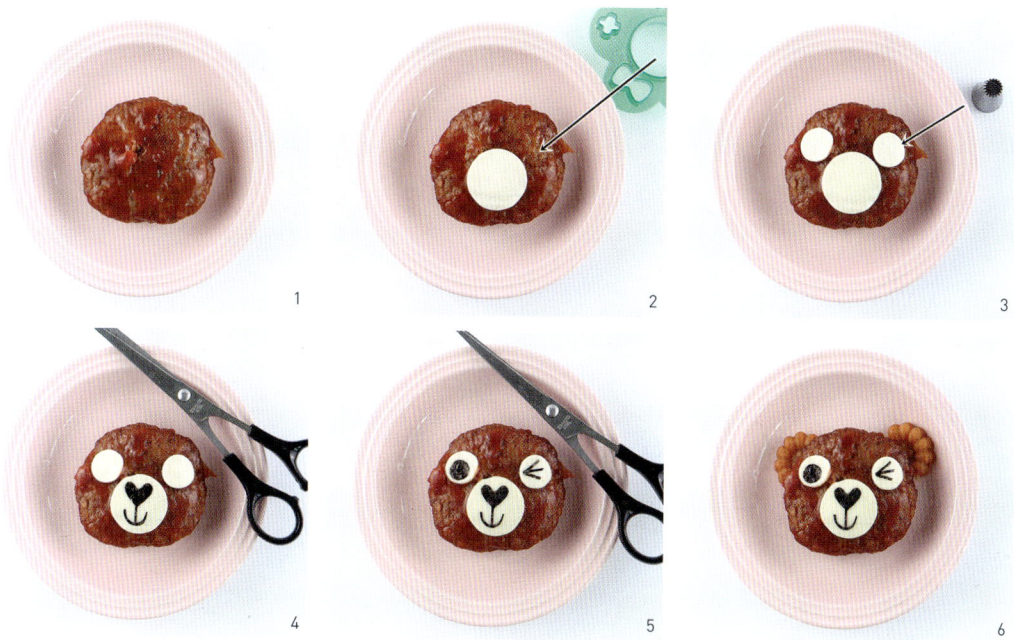

1 조리법에 맞게 함박스테이크를 만든다.
2 모양틀로 치즈를 찍어 주둥이를 붙여준다.
3 모양깍지로 치즈를 찍어 눈을 만들어 붙여준다.
4 김을 가위로 잘라 코와 입을 만들어준다.
5 김을 가위로 잘라 눈동자를 만들어준다.
6 미니 약과를 반으로 잘라 귀를 만들어준다.

해시브라운 곰

 재료 | 해시브라운, 김, 당근, 치즈, 홈런볼, 마요네즈

1 해시브라운을 튀겨준다.
2 모양틀을 이용하여 비닐 위에서 뚫어준다.
3 일공 펀치로 뚫은 김으로 눈동자를 표현하고, 가위로 자른 김으로 인중을 만들어준다.
4 당근을 빨대로 찍어 볼 터치를 표현해준다.
5 치즈 뒷면에 마요네즈를 묻혀준다.
6 해시브라운 위에 붙여주고 홈런볼로 귀를 만들어준다.

해시브라운 토토로

🍲 **재료** | 해시브라운, 치즈, 검은콩, 김

1　칼로 냉동 상태의 해시브라운을 토토로 모양으로 자른다.
2　치즈를 사이즈에 맞게 잘라준다.
3　동그란 틀을 이용해 치즈 윗부분을 파준다.
4　모양깍지로 치즈를 찍어 눈을 붙여준다.
5　검은콩으로 코를 만들어주고, 김을 가위로 잘라 무늬를 붙여준다.
6　김을 가위로 잘라 수염을 붙여준다.

◦ CHAPTER 4 ◦

빵을 활용한 캐릭터

아이들 간식이나 후식으로 빵을 줄 때에도
캐릭터로 만들어서 주면 즐거워할 거예요.

- 무슨 빵이든 무슨 모양이든지 아이와 의논하며 "무슨 모양 같아?", "뭘 만들어볼까?" 하고 의논해보세요.
- 빵 캐릭터를 만들 때에는 김보다 초코펜을 이용하는 게 좋아요.
- m&m 초콜릿이나 과일 등을 이용해도 좋아요.
- 아이와 함께하면 좋아요. 다양한 색의 초코펜으로 마음껏 그려보라고 해보세요. 초콜릿이나 과자 등도 이용해 즐거운 엄마표 미술시간을 보내세요. 이때 엄마의 간섭은 최소한으로 해주세요. 삐뚤삐뚤하고 반듯하지 않아도 아이가 한 그대로 예쁘다고 해주고 상에 올려주세요.

스폰지밥 식빵

재료 | 식빵, 치즈, 체다치즈, 김, 초코펜(혹은 햄)

1 비닐 위에서 모양틀을 이용하여 눈을 찍어준다.
2 가위로 어린잎이나 깻잎을 잘라 눈동자를 만들어준다.
3 일공 펀치로 김을 뚫어준다.
4 3을 김 위에 붙인 후 조금 크게 자른 김을 테두리가 보이게 붙여준다.
5 체다치즈를 비닐째 잘라 코를 만들어준다.
6 김 위에 5를 붙인 후 테두리가 보이게 잘라준다.
7 코를 붙여준다.
8 김을 가위로 잘라 입을 만들어준다.
9 이쑤시개로 체다치즈를 도려내 이빨을 만들어준다.
10 이빨을 붙여주고 초코펜이나 햄으로 혀를 만들어준다.
11 김을 가위로 잘라 속눈썹과 입꼬리를 만들어준다.
12 3가지 사이즈의 빨대로 구멍을 뚫는다.

롤케이크 달팽이

 재료 | 롤케이크, 바나나, 튀긴 스파게티면, 체다치즈, 김, 방울토마토, 부추

1 바나나 위에 롤케이크를 올린다.
2 튀긴 스파게티면을 바나나에 꽂아준다.
3 체다치즈를 에이드용 빨대로 찍어 3겹을 튀긴 스파게티면 아래에 깔아준다.
4 튀긴 스파게티면 위로 체다치즈를 1겹 더 올려준다.
5 김을 잘라 눈을, 방울토마토를 잘라 입을 붙여주고 부추를 깔아준다.

맘모스빵 토토로

 재료 | 맘모스빵, 튀긴 스파게티면, 초코펜, 치즈

1   동그란 틀을 이용해 맘모스빵을 잘라 귀를 만든다.
2   튀긴 스파게티면으로 귀를 몸통에 꽂아준다.
3   동그란 틀로 치즈를 찍어 배를 만든다.
4   치즈로 배와 눈을 만든 후 초코펜으로 눈동자와 코 무늬를 그려준다.
5   튀긴 스파게티면으로 수염을 만들어준다.

모닝빵 곰

재료 | 모닝빵, 치즈, 초코펜, 홈런볼

1 모양이 예쁜 모닝빵을 골라 준비한다.
2 모양틀로 치즈를 찍어준다.
3 초코펜으로 눈, 코, 입을 그려준다.
4 모닝빵 위에 눈, 코, 입을 붙여준다.
5 홈런볼로 귀를 만들어준다.

보름달빵 토끼

 재료 | 보름달빵, 튀긴 스파게티면, 방울토마토 치즈, 초코펜

1 동그란 틀로 찍어 보름달빵을 잘라 귀를 만든다.
2 튀긴 스파게티면으로 귀를 얼굴에 붙여주고, 방울토마토로 코를 만들어준다.
3 치즈로 눈을 만들어준다.
4 눈동자, 속눈썹, 주둥이를 초코펜으로 그려준다.
5 치즈를 붙여 눈동자와 코에 하이라이트를 표현해준다.

◦ CHAPTER 5 ◦
채소를 활용한 캐릭터

나물이나 김치도 훌륭한 캐릭터가 될 수 있어요.
아이들이 친숙해질 수 있도록 귀여운 모양으로 만들어보세요.

- 나물은 모양 잡기가 쉬워서 캐릭터를 쉽게 만들 수 있어요.
- 공룡틀, 악어틀, 곰돌이틀 등 각종 쿠키틀을 이용하면 모양 잡기가 쉬워요.
- 아이와 함께하면 좋아요. 아이에게 쿠키틀을 고르게 한 후 직접 만들어보게 해보세요. 이때 뻣뻣한 줄기는 잘라주는 게 좋아요.
- 눈이나 코도 아이가 자유롭게 만들어보도록 하세요.
- 당근이나 연근 등을 이용해 채소도장을 만들어 접시에 케첩을 찍어보게 해도 좋아요.

김치 곰

 재료

김치
치즈
김
방울토마토

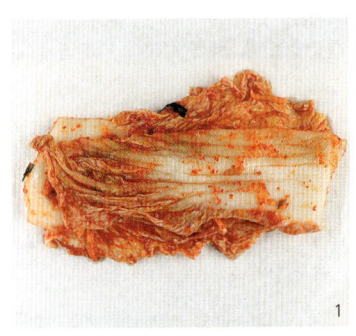
1

2

3

4

5

1 김치는 쭉 펴서 어긋나게 3~4장 겹쳐준다.

2 1을 돌돌 말아준 후 2등분해준다.

3 치즈를 동그란 틀로 찍어 붙여준다.

4 김으로 눈, 코, 입을 만들어준다.

5 방울토마토로 귀를 만들어준다.

김치 토끼

 재료

김치
치즈
김
방울토마토

1 김치는 쭉 펴서 어긋나게 3~4장 겹쳐준다.
2 돌돌 말아준 후 2등분해준다.
3 접시 위에 올려준다.
4 방울토마토로 코를 만들어준다.
5 치즈와 김으로 눈과 입을 만들어주고, 김치를 가위로 잘라 귀를 만들어준다.

세발나물 공룡

 **재료**

세발나물
치즈
김

1 공룡틀을 준비한다.
2 잘게 자른 세발나물을 젓가락을 이용해 공룡틀에 꼼꼼하게 넣어준다.
3 젓가락 뒷부분으로 꾹꾹 눌러준다.
4 공룡틀을 조심스럽게 빼낸다.
5 치즈를 빨대로 눌러 눈을, 김으로 눈동자를 붙여준다.

시금치 토끼

 **재료**

시금치나물
빨간 초코볼
치즈
김

1   시금치나물로 동그란 얼굴 모양을 잡아준다.
2   시금치나물로 길쭉한 귀 모양을 잡아준다.
3   빨간 초코볼로 코를 만들어준다. 당근이나 방울토마토를 이용해도 좋다.
4   모양틀로 치즈를 찍어 눈을 만들어준다.
5   김 펀치로 눈동자를 만들어주고, 모양틀로 치즈를 찍어 입을 만들어준다.

시금치 트리

 재료

시금치나물
식빵
당근
치즈

1 시금치를 세모 모양으로 잡아준다.
2 3단으로 모양을 잡아준다.
3 식빵 테두리로 나무줄기를 만들어준다. 당근을 이용해도 좋다.
4 모양틀로 당근을 찍어 별을 만들어준다.
5 치즈를 빨대 등으로 찍어 장식해준다.

콩나물 기린

 재료

콩나물무침
김
치즈
당근
튀긴 스파게티면

1   콩나물로 기린 모양을 잡아준다.
2   치즈와 김으로 눈을, 튀긴 스파게티면과 당근으로 뿔을 만들어준다.
3   당근을 얇게 썬 후 동그란 틀과 빨대로 무늬를 만들어준다.
4   김을 가위로 잘라 털을 만들어준다.
5   콩나물 대가리로 귀를 만들어주고, 당근과 김으로 입을 만들어준다.

PART 2

다져서 만든 밥상

편식하는 아이들에게 제일 먹이기 쉬운 방법은 다져서 먹이는 것이에요. 아주 먹기 싫어하는 아이에게는 잘게 다져주고 점점 크기를 늘려주세요. 채소는 집에 있는 재료를 사용하면 됩니다. 책에 있는 그대로 하지 않아도 돼요. 채소는 전부 대체 가능합니다.

- 칼로 다지기가 힘들면 도구를 사용해보세요. 채칼, 다지기, 치퍼 등 도구를 사용하면 편리합니다.
- 아이와 함께하면 좋아요. 재료를 씻어보라고 해보세요. 크기와 촉감이 다양한 채소를 만져보게 해서 거부감을 줄여주세요.
  "어떤 모양이야?", "어떤 느낌이야?" 하고 아이와 이야기하며 충분히 익숙해질 수 있도록 해주세요.
- 눈을 가리고 채소를 만져보게 하여 어떤 채소인지 맞히는 게임을 해도 좋아요.

깍두기볶음밥

 재료 | 깍두기 10개 정도(종이컵 1컵), 양파 1/2개, 베이컨 3장, 밥 1공기, 간장 1t, 고춧가루 1/2T, 고추장 1/2T, 참기름 1t, 깨

1 재료를 준비한다. 양파와 파는 다져놓는다.
2 깍두기와 베이컨을 먹기 좋은 크기로 다진다.
3 양파와 파를 볶는다.
4 베이컨과 깍두기를 넣고 볶는다.
5 밥을 넣고 볶는다.
6 깍두기 국물 4T를 넣는다.
7 가장자리에 간장 1t를 넣고 태우듯 한 다음 고춧가루 1/2T, 고추장 1/2T를 넣고 볶아준다. 참기름 1t와 깨를 뿌려 완성한다.

밥도그

재료 | 비엔나소시지 4개, 프랑크소시지 3개, 노란 파프리카 1/2개, 빨간 파프리카 1/2개, 호박 1/3개, 표고버섯 2개, 연근 40g, 밥 200g, 소금, 밀가루, 달걀물, 빵가루, 치즈, 김, 마요네즈, 튀긴 스파게티면

1   재료를 다져준다.

2   팬에 1을 넣고 소금 2꼬집을 넣어 볶아준 후 뜨거운 밥을 섞어준다.

3   소시지는 데친 후 밀가루를 묻힌다.

4   소시지 위에 밥을 얇게 펴 뭉쳐준다.

5   4에 밀가루, 달걀물, 빵가루 순으로 묻혀 노릇하게 튀겨준다.

6   치즈와 김을 이용하여 눈, 코, 입을 만들어 뒷면에 마요네즈를 묻힌 후 붙여준다.

7   비엔나소시지를 잘라 튀긴 스파게티면에 끼운 후 밥도그에 꽂아준다.

새우볶음밥

재료 | 마늘 5알, 마늘종 60g, 새우 15개(210g), 파프리카 70g, 양파 1/2개(60g), 파 약간, 달걀 2개, 소금 1/2t, 맛소금 3꼬집, 참치액 1t

1. 마늘은 편썰기하고 재료를 준비한다.
2. 양파, 파프리카, 마늘종은 다져 준비한다.
3. 파는 다진다. 새우는 먹기 좋은 크기로 자르고, 3~4개는 장식용으로 자르지 않는다.
4. 기름을 두르고 다진 파, 편썬 마늘을 볶다가 마늘종을 넣고 볶아준다. 소금 1/2t도 넣어준다.
5. 새우를 넣고 볶아준다.
6. 파프리카를 넣고 볶아준다.
7. 밥을 넣고 맛소금 3꼬집, 참치액 1t를 넣고 볶아준다. 밥을 한쪽으로 밀어 놓고 달걀 스크램블을 한 후 섞어준다.

소고기볶음밥

 재료 다진 소고기 200g, 양파 1/2개, 파프리카 1/2개, 새송이버섯 1/2개, 애호박 1/3개, 당근 1/3개, 마늘종 40g, 파 약간, 굴소스 1T, 참기름 1t, 깨

1 소고기는 키친타월로 핏물을 제거한 후, 올리브유 1T, 소금, 후추로 밑간한다.
2 양파, 파프리카, 새송이버섯, 애호박, 당근, 마늘종, 파를 준비한다.
3 2의 재료를 다진다.
4 기름을 약간 두르고 파를 볶다가 소고기를 넣고 볶아준다.
5 채소를 넣고 볶아준다.
6 밥을 넣고 볶아준다. 굴소스 1T를 넣고 볶다가 참기름1t, 깨로 마무리한다.

토토로 덮밥

 **재료** (2인분) | 오이 1개, 다진 소고기 120g, 달걀 4개, 치즈, 김, 튀긴 스파게티면, 마이쭈
소고기 양념 : 간장 1T, 설탕 1/2T, 청주 1/3T, 다진 마늘 약간, 후추 약간, 참기름 적당량
밥 양념 : 소금 약간, 깨, 참기름 적당량

1 오이는 8등분한 후 씨를 제거하고 깍뚝썰기한다. 소금 0.3T를 넣고 10분 재웠다가 꼭 짠 후 살짝 볶아준다.
2 달걀은 소금 조금, 설탕 조금, 우유 2T를 넣고 중약불에서 스크램블을 해준다.
3 소고기는 키친타월로 핏물을 제거한 후, 간장 1T, 설탕 1/2T, 청주 약간, 다진 마늘, 후추, 참기름을 넣고 무친 후 물기 없이 바싹 볶아낸다.
4 양념한 밥을 동그랗게 만든 후 고기로 토토로 모양을 만들어준다.
5 달걀과 오이도 놓아준다.
6 치즈와 김으로 눈과 무늬를, 튀긴 스파게티면으로 수염을 만들어준다.
7 핑크색 마이쮸로 코를 만들어준다.

반달 오므라이스

재료
(2인분)

양파 1/2개, 미니 파프리카 1개, 감자 작은 것 1개, 파 약간, 베이컨 4장, 느타리버섯 60g, 밥 290g, 달걀 2개
소스 : 양파 1/2개, 껍질 벗긴 토마토 1개, 돈가스소스 4T, 굴소스 1T, 사과즙 5T, 케첩 2T, 올리고당 1T

1 재료를 잘게 썰어 준비한다.
2 다진 파와 베이컨을 볶아준다.
3 채소를 넣고 볶아준다.
4 밥을 넣고 돈가스소스 1T, 케첩 1T(둘다 분량 외)를 넣고 볶아준다.
5 버터 약간, 올리브유를 넣고 양파, 토마토를 볶다가 분량의 소스를 넣고 살짝 끓인다.
6 달걀지단을 만든 후 한쪽 면만 익히고 밥을 올린다.
7 반으로 접어 반달 모양으로 만든다.

곰돌이 오므라이스

 **재료** (2인분) | 양파 1/2개, 미니 파프리카 1개, 감자 1개, 베이컨 4장, 느타리버섯 60g, 밥 290g, 달걀 2개, 치즈 약간, 김 약간, 방울토마토 2개
소스 : 양파 1/2개, 껍질 벗긴 토마토 1개, 돈가스소스 4T, 굴소스 1T, 사과즙 5T, 케첩 2T, 올리고당 1T

1   국그릇에 랩을 깔아준다.
2   달걀 2개를 풀어 지단을 만들어 한쪽 면만 익힌 후 랩 위에 올려준다.
3   반달 오므라이스와 같은 방법으로 만든 밥을 올려준다(103쪽 참고).
4   감싸준다.
5   랩으로 감싼 후 팽팽하게 모양을 잡아준다.
6   접시에 반달 오므라이스와 같은 방법으로 만든 소스를 깔고 밥을 올려준다(103쪽 참고).
7   치즈와 김과 방울토마토로 눈, 코, 입, 귀를 만들어준다.

우주선 볶음밥

 재료 (2인분) | 김치 1컵, 양파 1/2개, 대파, 베이컨 4장, 참치 중자 1캔, 밥 1공기(210g), 달걀 1개, 피자치즈 약간, 간장 1/2T, 소금 약간, 참기름 1t

1 김치, 양파, 베이컨, 대파는 다져놓는다.
2 참치기름에 다진 파를 볶는다.
3 양파와 베이컨을 넣고 볶는다.
4 김치를 넣고 볶는다. 설탕을 약간 넣는다.
5 밥 1공기를 넣고 볶는다. 간장 1/2T를 가장자리에 두르고 태우듯 한 다음 섞는다. 소금으로 간한다. 참기름 1t를 둘러준다.
6 국그릇에 밥을 꾹 눌러 담은 후 프라이팬 중앙에 올려준다.
7 달걀 1개를 소금 약간 넣고 풀어 밥 주위에 둘러준 후 피자치즈를 뿌려준다. 뚜껑을 덮어 익혀준다.

PART 3

다양한 조리법으로 만드는 밥상

기본적인 반찬들부터 일품반찬들까지 맛있게 먹을 수 있도록 해주세요. 다양한 조리법과 재료들로 음식에 대한 호감도가 생기도록 튀기고, 볶고, 무쳐서 만들어주세요. 때론 김밥이나 샌드위치로 한 끼 식사를 해도 좋아요.

계량하기

저울은 정확한 계량을 위해 꼭 필요합니다.

계량컵 1컵 = 200ml(종이컵 1컵 = 200ml)
계량수저 1T = 15ml(밥숟가락 약 1+1/2T)
1t = 5ml(밥숟가락 약 1/2T)

- 아이들과 요리를 함께하면 만드는 과정에서 음식에 대한 거부감도 줄고 흥미가 생깁니다. 아이용 앞치마, 아이용 도마, 아이용 칼도 준비해주세요.
- 나물도 무쳐보게 해보고 두부도 으깨보게 해보고 깨도 뿌려보게 해보고 참기름도 뿌려보게 해보는 등 다양하게 요리에 참여시키세요.
- 식탁 치우는 것도 해보면 좋아요. 다 먹지 않은 음식을 직접 치우고 버리게 함으로써 음식의 소중함을 알려주세요.

∘ CHAPTER 1 ∘

국·찌개

국물요리를 할 때는 육수가 중요합니다. 육수를 이용하면 별다른
양념을 하지 않아도, 간을 약하게 해도 맛있게 먹을 수 있어요.

닭곰탕

**재료** 생닭 1마리, 대파뿌리 1개, 무, 멸치, 다시마, 통마늘, 소금
닭 양념 : 국간장 1t, 다진 마늘 약간
다대기 : 고춧가루 1+1/2T, 닭육수 2T, 다진 마늘 1/2T, 국간장 1/2T

1   생닭은 깨끗하게 씻은 후 ○부분을 잘라준다.
2   가위로 등 부분을 자른 후 ○부분을 깨끗하게 제거해준다. 빨갛게 뭉친 부분들을 제거해줘야 잡내가 나지 않는다.
3   닭이 잠길 정도의 물을 넣고 멸치, 다시마팩, 통마늘, 무, 대파를 뿌리째 넣고 센불에 10분 정도 끓인 후 멸치다시팩은 건져낸다.
4   뚜껑을 덮고 중불에 25분간 끓인다.
5   닭을 건져 닭살을 바른다. 분량의 닭 양념을 넣고 주무른다.
6   육수 재료를 건진 후 닭뼈를 넣고 약불에 10분 더 끓인다.
7   닭살 넣고 약불에 10분 정도 끓이고 대파를 넣는다. 부족한 간은 소금으로 해준다.

목살김치찌개

재료 목살 400g, 김치 1/2포기(530g), 양파 1/2개, 멸치육수 6컵, 대파, 두부 1모, 새우젓
양념 : 국간장 1t, 설탕 1t, 청주 1t, 고춧가루 약간, 다진 마늘 약간

1 목살은 먹기 좋은 크기로 잘라준다.

2 김치 1/2포기는 먹기 좋은 크기로 잘라준다.

3 기름을 살짝 두르고 파를 볶다가 목살을 넣고 국간장 1t, 설탕 1t, 청주 1t, 고춧가루 약간, 다진 마늘 약간을 넣고 볶는다.

4 양파를 넣고 볶아준다.

5 김치를 넣고 볶아준다.

6 멸치육수 6컵을 넣고 중불로 끓여준다. 간은 김칫국물과 새우젓으로 한다.

7 두부와 대파를 넣고 끓인다.

불고기전골

 **재료** | 불고기 300g, 당근 1/3개, 양파 1/2개, 무 200g, 대파 약간, 쑥갓 약간, 표고버섯 4개, 느타리버섯 1줌, 팽이버섯 1봉지, 당면 1줌, 소금
불고기양념 : 간장 3T, 설탕 1T, 맛술 1/2T, 다진 파 1T, 다진 마늘 1/2T, 참기름 1/2T, 후추 약간, 청주 1T, 매실청 1/2T, 배즙 4T

1 키친타월로 핏물을 뺀 소고기는 분량의 양념장에 재운 후 냉장고에 1시간 정도 둔다.
2 당근, 양파, 무, 대파는 먹기 좋게 잘라준다.
3 표고버섯 2개는 장식용으로 칼집을 내 준비하고 2개는 썰어준다. 느타리버섯은 찢어준다.
4 다시마, 멸치, 무, 마른표고 등을 넣고 육수를 내준다. 끓기 시작하면 다시마는 건져낸다.
5 당면은 끓는 물에 7~8분 삶은 후 찬물에 헹궈 물기를 빼준다.
6 양파와 무를 바닥에 깔아준다.
7 보기 좋게 담아준 후 육수를 부어준다. 부족한 간은 소금으로 해준다.

주꾸미연포탕

 재료 | 주꾸미 6마리(330g), 무 100g, 표고버섯 2개, 애호박 1/4조각, 양파, 대파, 국간장 2t, 소금, 육수 800ml(멸치, 다시마, 무, 마른 표고버섯)

1 주꾸미는 가위로 머리를 잘라 내장을 빼준다.
2 가위로 눈알도 잘라준다.
3 밀가루로 깨끗하게 씻어준다.
4 멸치, 다시마, 무, 마른 표고버섯 등을 넣고 육수를 끓여준다. 끓기 시작하면 다시마는 건져낸다.
5 양파, 대파, 표고버섯, 애호박을 썰어준다.
6 육수에 채소를 넣고 끓여준다.
7 채소가 익으면 주꾸미와 대파를 넣고 살짝만 끓여준다. 국간장 2t와 소금으로 간해준다.

차돌된장찌개

 재료 | 차돌박이 150g, 양파 1/2개, 감자 1개, 애호박 1/2개, 멸치육수 600ml, 팽이버섯 1줌, 두부
양념 : 된장 2T, 고추장 1T, 맛술 1T, 다진 마늘 1/2T

1   채소는 먹기 좋게 잘라준다.
2   차돌은 키친타월로 핏물을 뺀 후 먹기 좋게 자른다.
3   맛술 1T(분량 외)를 넣고 파와 차돌박이를 볶는다.
4   분량의 양념을 넣고 볶아준다.
5   멸치육수 600ml를 넣어준다.
6   감자부터 넣고 끓이다가 감자가 익으면 다른 채소도 넣고 끓인다.
7   두부와 팽이버섯을 넣고 끓여준다.

밥상이 풍성해지는 밑반찬

꼬들단무지

재료 꼬들단무지 200g
양념 고운 고춧가루 1t, 매실청 1T, 참기름 1T, 다진 마늘 약간

1. 물에 5분간 단무지를 담근 후 꼭 짠다.
2. 분량의 양념을 넣고 무쳐준다.

땅콩조림

재료 생땅콩 350g, 식초, 물엿, 검은깨
양념 간장 4T, 맛술 3T, 설탕 1+1/2T, 조청 2T(물엿 2T), 물 1컵

1. 생땅콩은 씻어서 끓는 물에 식초를 약간 넣고 7~8분간 끓이다가 체에 걸러서 찬물에 헹궈 물기를 뺀다.
2. 조림냄비에 분량의 양념을 넣고 끓인다. 바글바글 끓으면 삶은 땅콩을 넣고 조린다.
3. 뚜껑을 열고 조림장이 약간 남을 때까지 조린 후 마지막에 물엿 1T를 넣고 저어가며 윤기를 낸다.
4. 그릇에 적당량 덜어서 담고 검은깨를 뿌려준다.

멸치간장볶음

재료 잔멸치 50g, 편썰기한 마늘 2알, 깨, 참기름
양념 간장 1T, 설탕 1+1/2T, 맛술 1T

1. 팬에 식용유 1T를 두르고, 편썰기한 마늘과 잔멸치를 약불로 충분히 볶는다.
2. 1을 건져내고 그 팬에 분량의 양념을 넣고 바글바글 끓인다.
3. 1을 넣고 고루 섞어준다.
4. 불을 끄고 깨, 참기름을 약간 넣고 가볍게 섞어준다.

멸치고추장볶음

재료 잔멸치 50g, 편썰기한 마늘 2알, 깨, 참기름
양념 고추장 1T, 설탕 1T, 맛술 1T, 간장 1/2T

1. 팬에 식용유 1T를 두르고 중약불에서 편썰기한 마늘과 잔멸치를 충분히 볶는다.
2. 분량의 양념을 넣고 바글바글 끓인 후 볶은 멸치를 넣고 불을 끈 후 버무린다.
3. 깨, 참기름을 약간 넣고 가볍게 섞는다.

연두부샐러드

재료 연두부 1모, 방울토마토 2개, 어린잎
소스 간장 2T, 참기름 2T, 참깨 1T, 올리고당 2T, 레몬즙 1T

1. 연두부는 키친타월에 올려 물기를 빼준다.
2. 접시에 연두부를 담고 분량의 소스를 뿌린다.
3. 방울토마토와 어린잎을 올린다.

적양파피클

재료 자색양파 큰 것 1개(250g)
소스 식초 4T, 설탕 2T, 소금 1/4t

1. 양파를 얇게 채썬다.
2. 양파를 분량의 소스에 넣고 골고루 섞어 10분간 절인다.
3. 절인 양파는 체에 밭쳐 물기를 뺀다.

진미채고추장볶음

재료 진미채 80g, 마요네즈 2T, 깨
양념 설탕 1/2T, 고춧가루 1T, 청주 1T, 간장 1t, 다진 마늘 1t, 물엿 2T, 고추장 2T

1. 진미채는 가위로 자른 후 마요네즈 2T에 조물조물해 10분 정도 둔다.
2. 팬에 물 3T를 넣고 분량의 양념장을 끓인다.
3. 한 김 식으면 1을 넣고 섞는다. 뜨거울 때 진미채를 넣으면 딱딱해진다.
4. 깨를 뿌려 완성한다.

콩자반

재료 서리태 1컵(소복이), 깨
양념 간장 4T, 설탕 4T

1. 서리태는 씻어서 오목한 팬에 담고 물 1.5컵을 넣고 약불로 불리듯 20분 정도 끓인다. 뚜껑은 열거나 반쯤만 덮는다.
2. 분량의 양념을 넣고 중불로 20분 정도 조린다. 뚜껑은 열거나 반쯤만 덮는다.
3. 어느 정도 조려지면 뚜껑을 열고 저어가며 조리고 국물이 약간 남았을 때 불을 끈다.
4. 깨를 뿌려준다.

◦ CHAPTER 2 ◦

구이·전

아이가 평소에 잘 먹지 않는 채소나 해물, 고기 등을
쉽게 먹일 수 있는 방법 중 하나예요.

감자채전

 재료

감자 작은 것 5개(380g : 중간 크기는 3개 정도)
소금 4꼬집

1. 감자는 깨끗이 씻어 준비한다.
2. 일자채칼을 이용해 2~3mm 두께로 썬다.
3. 소금 4꼬집 정도 넣고 섞은 후 3분 정도 둔다. 감자를 면보에 넣고 꼭 짜준다.
4. 식용유를 충분히 두른 후 엉겨 붙을 때까지 센불로 볶는다.
5. 엉겨 붙으면 약불로 양쪽을 6분씩 익혀준다. 뒤집을 땐 접시를 이용하면 편하다.

김달걀말이

 재료

달걀 4개
김밥김 2장
소금 4꼬집
설탕 2꼬집

1 기름을 얇게 펴 바른 후 약불에 달걀물을 부어준다.
2 김밥김을 올려준다.
3 말아준 후 김밥김 한 장을 더 올린 후 말아준다.
4 달걀물을 더 부어준다.
5 말아준 후 한 김 식으면 썰어준다.

꽃달걀말이

 재료

달걀 4개
분홍 소시지
다테마키발
소금 2꼬집
설탕 1꼬집

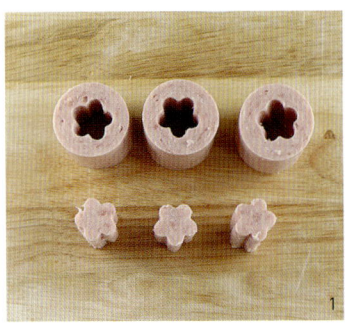

1   분홍 소시지는 꽃틀로 찍어준다.
2   달걀에 소금 2꼬집, 설탕 1꼬집을 넣고 섞은 후 체에 내린 달걀물을 약불로 구워주고 소시지를 놓는다.
3   조심스럽게 말아준다.
4   다테마키발로 말아준 후 고무줄로 고정해 둔다.
5   한 김 식은 후 썰어준다.

부추전

| 재료 |

부추 70g   반죽 : 부침가루 7T
새우 120g   전분가루 2T
양파 1/4개   달걀 1개
당근 1/4개   강황가루 1/2t
청주   물 120ml

1   재료를 준비한다.
2   재료를 썰어준다.
3   새우는 청주를 넣고 살짝 데친다.
4   2를 분량의 반죽 재료와 함께 볼에 넣고 반죽해준다.
5   앞뒤로 노릇하게 부치고 새우에 반죽물을 묻혀 올린 후 구워준다. 이 과정이 복잡하면 그냥 한 면만 익히고 익히지 않은 면에 새우를 올려 구워준다.

사과달걀말이

 재료

달걀 3개
맛살 2개
어린잎
소금 2꼬집
검은깨

1 달걀은 소금 2꼬집 넣고 잘 섞어준 후 약불에 부어주고 맛살 2개를 흰부분이 맞닿게 놓는다.
2 조심스럽게 말아준다.
3 김발로 말아준다.
4 한 김 식은 후 말아준다.
5 검은깨와 어린잎으로 꾸며준다.

삼치카레구이

 재료

삼치 1/2마리
청주 4T
녹말 1T
카레가루 1T

1 삼치는 청주 4T를 뿌려 30분간 두어 비린내를 없앤다.
2 소금으로 간을 한다.
3 녹말 1T, 카레가루 1T를 섞는다.
4 삼치에 3을 골고루 묻힌다.
5 노릇하게 구워준다.

크래미전

 재료

크래미 5개
팽이버섯 70g
달걀
부추 약간
스위트콘

1 재료를 준비한다.
2 크래미는 잘게 찢고 팽이버섯과 부추는 썰어 준비한다.
3 볼에 손질한 재료를 넣고 잘 섞어준다.
4 달걀을 넣고 잘 섞어준다.
5 노릇하게 부쳐준다.

밥상이 풍성해지는 나물

배추나물

재료 알배추 550g, 소금
양념 국간장 1T, 참기름 1T, 맛소금 1꼬집, 매실 1/2T, 깨

1. 배추는 밑동을 자르고 한 잎씩 떼어 씻는다.
2. 물에 소금을 넣고 끓으면 배추를 넣고 1분간 데쳐 건진 후 찬물로 헹군다.
3. 물기를 꼭 짜준다.
4. 먹기 좋은 크기로 자른 후 분량의 양념을 넣고 조물조물 무쳐준다.

볶음김치

재료 김치 350g, 참치 135g, 양파 1/2개, 다진 파 1T, 설탕, 깨, 참기름, 대파

1. 양파는 채썬다.
2. 참치기름에 다진 파, 양파를 넣고 볶는다.
3. 김치를 넣고 볶는다. 설탕을 약간 넣어준다.
4. 참치를 넣고 볶는다.
5. 깨, 참기름, 대파를 넣고 섞어준다.

숙주미나리무침

재료 숙주 1봉(200g), 미나리 50g, 소금
양념 다진 마늘 1/2t, 맛소금 3꼬집, 참치액 1t, 참기름 1/2T, 깨

1. 끓는 물(6컵)에 소금 1t를 넣고 숙주를 30초간 삶은 후 건져낸다.
2. 1의 끓는 물에 미나리를 넣고 30초간 삶아 찬물에 헹궈 짠 후 먹기 좋게 썬다.
3. 분량의 양념으로 무쳐준다.

콩나물무침

재료 콩나물 300g, 소금
양념 참치액 1T, 맛소금 3꼬집, 참기름 1t, 다진 마늘 약간, 고춧가루 약간

1. 끓는 물에 소금을 넣고 뚜껑 열고 5분간 콩나물을 삶는다.
2. 체에 밭쳐 한 김 식힌다.
3. 분량의 양념으로 무쳐준다.

세발나물무침

재료 세발나물 300g, 소금
양념 맛소금 2꼬집, 참치액 1t, 참기름 1/2T, 다진 마늘 1t, 깨

1. 끓는 물에 소금을 넣고 세발나물을 30초간 데친 후 찬물에 헹궈 꼭 짠다.
2. 분량의 양념으로 무쳐준다.

시금치치즈나물

재료 시금치 1단(245g) 치즈 1장, 견과류
양념 참치액 1t, 맛소금 3꼬집, 참기름 1T

1. 시금치는 뿌리를 칼로 긁은 후 씻어주고 뿌리 쪽에 흙이 많으므로 물에 담가 깨끗이 씻어준다.
2. 뿌리 쪽으로 4등분한다.
3. 물에 소금 넣고 팔팔 끓으면 시금치를 30초간 데치고 찬물에 헹궈 꼭 짠 후 4등분한다.
4. 분량의 양념을 넣고 견과류는 다져 넣는다.
5. 치즈는 잘게 자른 후 넣어 잘 섞어준다.

오이나물

재료 오이 1개, 소금, 다진 마늘, 참기름, 깨

1. 오이는 얇게 썰어 소금 1t를 넣고 10분간 절인다.
2. 꼭 짜준다.
3. 기름을 두른 팬에 다진 마늘을 넣고 중약불에 30초간 볶는다.
4. 오이를 넣고 중간불에 볶는다.
5. 참기름, 깨를 뿌려 완성한다.

◦ CHAPTER 3 ◦
일품반찬

아이들이 좋아하는 재료와 잘 먹지 않는 재료를 섞어 만들면
몸에 필요한 영양분을 골고루 섭취할 수 있어요.

감자소시지볶음

 재료

감자 1개
새송이버섯 1/2개
소시지 1개
소금
후추
파슬리가루

1 재료를 준비한다.
2 소시지는 데쳐 놓고, 감자는 자른 후 80% 정도 익힌다. 새송이버섯도 자른다.
3 팬에 재료를 넣고 볶는다.
4 소금, 후추로 간하고 파슬리가루를 뿌려준다.

등갈비김치찜

 | 재료 |

김치 1/2포기
등갈비 1대(800g)
된장 1T
고춧가루 1T
국간장 1t
매실액 1T
다진 마늘 1T
설탕 1t

1 잘 익은 김치와 등갈비를 준비한다.
2 물에 된장 1T를 풀고 끓으면 등갈비를 넣고 데쳐낸 후 찬물로 씻어 놓는다.
3 등갈비에 고춧가루 1T, 국간장 1t, 매실액 1T, 다진 마늘 1T 넣고 간이 배도록 버무려 놓는다.
4 양파를 깔고 등갈비를 올린다.
5 살짝 씻은 김치를 올린 후 대파를 넣고 쌀뜨물을 담길 정도로 붓고 설탕 1t 정도를 넣고 푹 익혀준다.

무쌈말이

 재료

훈제오리 150g
빨간 파프리카 1/2개
노란 파프리카 1/2개
쌈무 약간
부추 약간

소스 : 땅콩버터 2T, 마요네즈 3T, 머스터드 1T,
       레몬즙 1T, 올리고당 1/2T

1 재료를 준비한다.
2 부추는 살짝 데친다.
3 오리는 구워서 기름기를 빼준다.
4 쌈무에 재료를 넣어준다.
5 쌈무를 말아준 후 부추를 감아준다.
6 분량의 소스를 함께 낸다.

베이컨마늘종볶음

 재료

베이컨 4장
마늘종 80g
파프리카 1개
양파 1/2개
소금
후추

1 재료를 준비한다.
2 재료를 먹기 좋은 크기로 잘라준다.
3 베이컨을 볶아준다.
4 마늘종, 파프리카, 양파를 넣고 볶아준다.
5 소금과 후추로 간한다.

토마토달걀볶음

 재료

방울토마토 4개
달걀 3개
우유 1/4컵
소금 2꼬집
설탕 2꼬집

1 달걀 3개와 우유 1/4컵, 소금 2꼬집, 설탕 2꼬집을 넣고 잘 섞어준다.
2 방울토마토는 4등분한다.
3 올리브유를 두르고 방울토마토를 볶아준다.
4 토마토를 한쪽에 밀어두고 스크램블한 후 섞어준다.
5 파슬리가루를 뿌려 완성한다.

삼치데리야키조림

| 재료 |

삼치 대 1/2마리
청주 4T
녹말가루

소스 : 간장 2T, 맛술 3T, 물엿 1T, 마늘 1t, 생강가루 1/2t, 레몬 1조각

1 삼치는 청주 4T에 30분간 재운다.
2 삼치를 반으로 자르고 'X'자로 칼집을 내준다.
3 녹말가루를 묻혀준다.
4 소스를 끓여 조린다.
5 노릇하게 구운 삼치에 소스를 발라준다.

차돌두부조림

재료

두부 1모(420g), 차돌박이 120g
다진 파 1T, 다진 마늘 1t
간장 1t, 설탕 3꼬집
소금, 후추, 전분가루

양념 : 간장 2T, 액젓 1T, 설탕 1T, 참기름 1t,
고춧가루 1t, 깨

1. 두부는 1.5cm 정도로 썰어 키친타월로 물기를 제거한 후 소금, 후추를 뿌리고 전분가루를 살살 뿌린다.
2. 달군 팬에 기름을 두르고 노릇하게 부친다.
3. 차돌박이는 다진 파 1T, 다진 마늘 1t를 넣고 간장 1t와 설탕 3꼬집을 넣고 볶아준다.
4. 두부를 넣고 차돌박이를 올려준다.
5. 대파를 얹고 분량의 양념장을 뿌린 후 물 1/2컵을 넣고 조려준다.

토마토마리네이드

재료

방울토마토 350g
양파 1/4개

소스 : 발사믹식초 3T, 올리브유 2T, 레몬즙 1/2T,
　　　꿀 1/2T, 소금 1꼬집

1　방울토마토는 꼭지를 떼고 깨끗이 씻고 양파는 다져준다.
2　방울토마토는 '+'자로 칼집을 내준다.
3　끓는 물에 토마토를 살짝 익혔다 얼음물에 담가 껍질을 제거한다.
4　방울토마토, 양파, 분량의 소스를 넣고 섞어준다.
5　냉장고에 넣고 차갑게 해서 먹는다.

훈제오리볶음

| 🍲 재료 |

훈제오리 150g
다진 파 1T, 다진 마늘 1t
빨간 파프리카 1/2개
노란 파프리카 1/2개
양파 1/2개, 부추 약간
굴소스 1t, 올리고당 1t
후추, 깨

1 재료를 채썰어 준비한다.
2 오리는 구워주고 기름을 뺀다.
3 오리는 다진 파, 다진 마늘을 넣고 볶아준다.
4 채소를 넣고 볶아준다.
5 굴소스 1t, 올리고당 1t를 넣고 볶다가 후추, 깨를 뿌려 완성한다.

베이컨채소말이

 | 재료 |

베이컨 5줄
마늘종 40g
팽이버섯 1줌
파프리카 1/2개
소금

1 재료를 준비한다.

2 마늘종은 끓는 물에 소금을 약간 넣고 데친 후 찬물에 헹군다.

3 베이컨에 재료를 넣고 돌돌 말아준다.

4 이음새 있는 부분을 바닥에 놓아준다.

5 노릇하게 구워준다.

브로콜리새우볶음

 재료

브로콜리 200g
두부 1/2모(200g)
새우 80g
청주, 소금
올리브유 1/2t
맛소금 2꼬집
설탕 2꼬집
참기름 2T, 깨

1. 브로콜리는 소금을 넣고 15초간 데쳐 찬물에 헹군 후 물기를 제거한다.
2. 두부는 면보에 넣고 꼭 짜둔다.
3. 새우는 청주를 넣고 살짝 데친 후 썰어놓는다.
4. 올리브유 1/2t를 두르고 브로콜리와 새우를 볶다가 맛소금 2꼬집, 설탕 2꼬집을 넣어준다.
5. 두부를 넣고 참기름 2T, 깨를 뿌려 볶아준다.

◦ CHAPTER 4 ◦

튀김

깨끗한 기름으로 집에서 만든 튀김은 맛이 한층 좋습니다.
평소 먹지 않던 재료들도 튀겨서 주면 아주 잘 먹어요.

팝콘치킨

 재료

닭안심 300g, 우유 1컵
소금, 후추, 맛술 1T
다진 마늘 1/2T, 빵가루

반죽 : 튀김가루 4T, 전분 4T, 카레가루 1/2T, 달걀 1개

1. 닭안심은 우유 1컵에 넣어 20분 정도 둔 후 먹기 좋게 3~4등분하여 소금, 후추, 맛술 1T, 다진 마늘 1/2T를 넣고 10분 정도 재워둔다.
2. 분량의 반죽 재료를 잘 섞은 후 1을 넣어 섞는다.
3. 빵가루를 묻힌 후 170℃ 기름에 노릇하게 튀겨준다.

양파튀김

 재료

양파 1/2개, 튀김가루
달걀물, 빵가루

소스(타르타르소스) : 마요네즈 5T, 다진 양파 2T,
다진 피클 2T, 레몬즙 1T, 삶은 달걀 1개,
소금 1꼬집, 파슬리가루

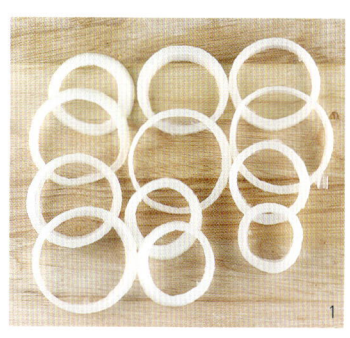  

1 양파는 링 모양으로 잘라준다.
2 양파 안쪽까지 꼼꼼하게 튀김가루, 달걀물, 빵가루 순으로 묻혀준다.
3 180℃ 기름에 튀겨준다.
4 타르타르소스를 만들어 함께 낸다.

치킨텐더

 재료

닭안심 300g
우유 1컵, 달걀 2개
빵가루, 파슬리가루

밑간 : 소금, 후추, 맛술 1T, 다진 마늘 1t
반죽 : 튀김가루 5T, 전분가루 3T, 카레가루 1/2T

1 닭안심은 힘줄 끝을 잘라준 후 칼집을 내어준다.
2 우유 1컵에 20분 정도 재운 후 소금, 후추, 맛술 1T, 다진 마늘 1t에 10분간 밑간한다.
3 분량의 반죽 재료를 잘 섞어 2에 묻혀준 후 달걀물과 파슬리가루를 섞은 빵가루를 꼼꼼하게 묻혀 170℃ 기름에 노릇하게 튀겨준다.

파프리카튀김

 재료

미니 파프리카 3색
튀김가루
달걀 1개
빵가루
파슬리가루

1 파프리카는 동그랗게 썰어준다.
2 튀김가루, 달걀물, 파슬리가루를 섞은 빵가루 순으로 꼼꼼하게 묻혀준다.
3 180℃ 기름에 노릇하게 튀겨준다.

맛간장

가장 기본적인 맛간장으로 한 번 만들어놓으면
냉장고에서 6개월까지 보관 가능하다.

재료 | 양조간장 1L, 물 1/2컵, 설탕 600g,
청주 1/2컵, 맛술 1/2컵, 사과 1/2개, 레몬 1개

1. 레몬과 사과는 깨끗이 세척 후 얇게 슬라이스한다.
2. 양조간장 1L, 물 1/2컵, 설탕 600g을 넣고 설탕이 녹을 수 있도록 저어가며 끓인다.
3. 끓기 시작하면 청주 1/2컵, 맛술 1/2컵을 넣고 끓인다.
4. 끓으면 불을 끄고 레몬과 사과를 넣고 반나절 식혀둔다.
5. 사과와 레몬과 건져내고 병에 담아 냉장 보관한다.

○ CHAPTER 5 ○

일품요리

다른 반찬이 필요 없는 일품요리로
색다른 식사의 즐거움을 알게 해주세요.

간장국수

 재료 | 다진 소고기 100g, 소면 140g, 오이 1/2개, 달걀지단, 소금, 후추, 청주, 올리고당, 참기름
양념 : 간장 2T, 설탕 1T, 다진 마늘 1t, 다진 파 1T, 깨

1 오이는 돌려깎은 후 채썬다.
2 달걀지단은 돌돌 말아준 후 가늘게 채썬다.
3 분량의 양념장을 만든다.
4 소고기는 소금, 후추 약간과 청주 1/2T, 양념장 1T를 넣어 무쳐준다.
5 소고기는 볶아두고 오이는 소금 1t에 10분 정도 절여 꼭 짠 후 살짝 볶아 준비한다.
6 소면은 삶아 양념장과 올리고당 1t, 참기름을 넣고 무쳐준다.

궁중떡볶이

 재료 | 불고기용 소고기 150g, 떡볶이떡 500g, 삼색 파프리카, 오이고추, 양파 1/2개, 소금, 후추
양념 : 간장 3T, 설탕 1T, 올리고당 2T, 다진 마늘 1t, 깨, 맛술 1T, 후추, 참기름 1T, 다진 파 1T

1 소고기는 소금, 후추 뿌려 밑간한 후 10분 정도 둔다.
2 재료는 채썰어 준비한다.
3 분량의 양념을 섞어둔다.
4 떡은 데쳐 건진 후 참기름을 조금 넣고 주물러놓는다.
5 고기를 볶아준 후 삼색 파프리카, 오이고추, 양파를 넣고 볶아준다.
6 떡과 양념을 넣고 볶아준다.

닭데리야키

재료 | 닭다리살 5개(380g), 우유, 소금, 후추, 다진 마늘, 녹말가루
데리야키소스(2배 분량) : 간장 5T, 물 5T, 맛술 1T, 설탕 2T, 물엿 1T, 구운 대파

1 냄비에 분량의 소스 재료를 넣고 끓여 조려 놓는다.
2 닭다리살은 우유에 10분 정도 담가 잡내를 제거한다.
3 소금, 후추, 다진 마늘을 넣고 10분간 둔다.
4 닭다리살에 녹말가루를 골고루 퍼 바른다.
5 노릇하게 구워준다.
6 1번의 데리야키소스를 적당히 넣고 조려준다.(나머지 소스는 냉장고에 보관한다.)

닭볶음탕

 재료 | 생닭 1마리, 감자 2개, 당근 1/2개, 양파 1개, 대파, 고추
양념 : 맛간장 5T, 고춧가루 2T, 고추장 1T, 설탕 1T, 다진 마늘 1T, 물 3컵

1   닭은 깨끗이 씻은 후 끓는 물에 한 번 데쳐주고 흐르는 물에 씻어 불순물을 제거한다.
2   감자, 당근은 먹기 좋게 자른 후 돌려깎기해주고 양파도 큼직하게 썰어준다.
3   1과 감자를 넣고 분량의 양념을 넣어 센불에서 10분간 끓인다.
4   양파와 당근을 넣고 중불에서 15분간 끓인다.
5   대파와 고추를 넣는다.
6   약불에 3분간 끓여준다.

닭날개구이

재료 닭날개(500g), 우유 1컵, 허브솔트, 올리브유, 녹말가루
소스 : 간장 3T, 맛술 2T, 물 2T, 꿀 4T, 굴소스 1T

1 닭날개는 칼집을 내주고 우유 1컵에 20분 정도 담가둔다.
2 1은 체에 밭쳐 물기를 제거한 후 허브솔트로 밑간한다. 올리브유를 솔로 발라준다.
3 예열된 오븐 200℃에서 20분 정도 구워준다. 녹말가루를 묻혀 프라이팬에서 익혀도 된다.
4 분량의 소스는 한 번 끓여 두고 3에 발라준다. 소스를 끓인 팬에 넣고 버무려도 된다.

목살스테이크

재료 | 목살 600g, 양파 1/2개, 파인애플 2조각, 방울토마토, 그린빈, 허브솔트
소스 : 돈가스소스 or 스테이크소스 8T, 굴소스 1T, 올리고당 3T, 케첩 1T, 물 1/2컵

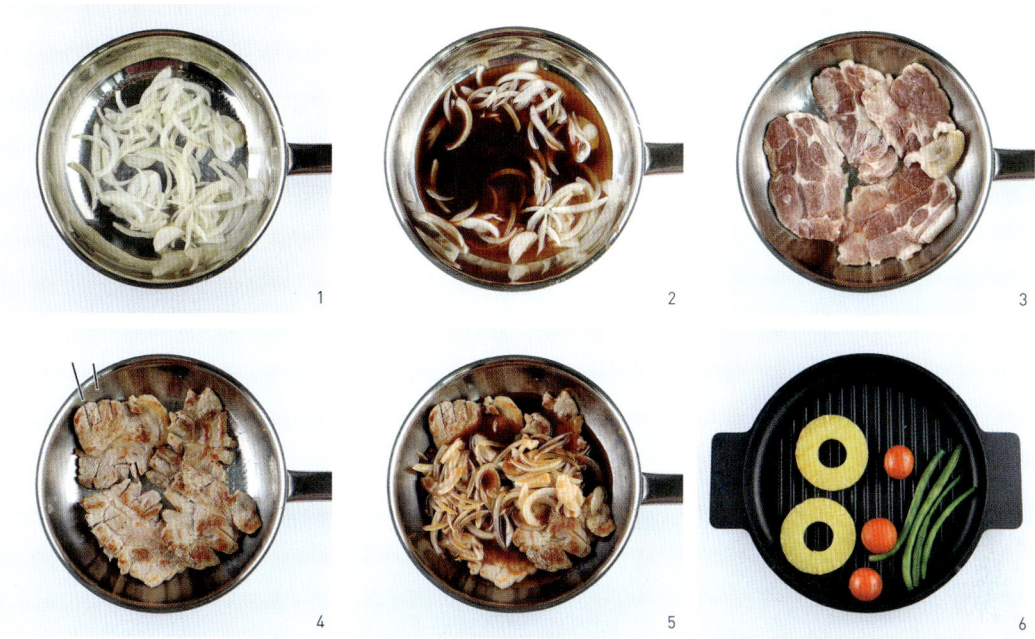

1 프라이팬에 버터를 약간 넣고 양파를 볶아준다.
2 분량의 소스를 넣고 살짝 끓여준다.
3 목살은 허브솔트를 뿌려 구워준다.
4 오그라들지 않게 가위집을 내준다.
5 2를 넣고 조려준다.
6 곁들이 가니쉬로 파인애플, 방울토마토, 그린빈을 구워 준비한다.

연어회덮밥

 재료 | 연어 80g, 당근 1/4개, 오이 1/4개, 적채 30g, 청상추 2장, 양파 1/4개, 김가루
양념장 : 고추장 4T, 2배식초 2T, 매실청 2T, 설탕 1T, 올리고당 2T, 연겨자 1/2T

1 분량의 양념장을 만들어준다.
2 양파는 찬물에 담가 매운맛을 빼준다.
3 재료는 먹기 좋게 채썬다.
4 연어는 먹기 좋게 깍둑썰기한다.
5 그릇에 밥을 깔아준다.
6 보기 좋게 담아준다.

제육볶음

 재료 | 목살 600g, 양파 1개, 대파, 깨, 참기름 1T
양념 : 사과즙 4T, 고추장 2T, 고춧가루 2T, 다진 마늘 1t, 맛간장 5T, 다진 파 1T

1 양파는 채썰고, 파는 다지고, 사과즙도 준비한다.
2 분량의 양념으로 주물러 재워놓는다. 많이 주무를수록 좋다.
3 지퍼백에 넣어 평평하게 한 후 냉장고에 1~2시간 둔다.
4 고기를 볶는다.
5 양파를 넣고 볶는다.
6 대파, 깨, 참기름 1T를 넣고 섞는다.

짜장밥

 재료 | 목살 250g, 양파 1/2개, 감자 대자 1개, 당근 1/2개, 호박 1/2개, 다진 파 2T, 양배추, 춘장 150g, 설탕, 생강가루, 올리고당, 굴소스, 물녹말

1. 감자, 당근, 호박, 양파는 깍뚝썰기한다.
2. 파는 다지고, 양배추는 먹기 좋게 자르고, 고기도 먹기 좋은 크기로 자른다.
3. 기름을 두르고 다진 파를 볶다가 파향이 올라오면 목살을 넣고 볶아준다. 설탕 1t, 생강가루 1/2t를 넣어준다.
4. 감자, 당근을 넣고 볶아준다.
5. 호박, 양배추를 넣고 볶아준다.
6. 식용유 1/2컵에 춘장을 볶다가 기름이 끓기 시작하면 약불로 줄여 10분간 볶아준다. 체에 받쳐 기름을 뺀다.
7. 재료를 볶은 팬에 물 2컵을 넣어준다.
8. 볶은 춘장은 한 번에 넣지 말고 2/3 정도만 넣고 간보며 양을 늘려준다. 설탕 1T, 올리고당 2T, 굴소스 1T를 넣고 섞어서 끓여주고, 물녹말(감자전분 3T, 물 1/2컵) 3T를 넣고 농도를 맞춘다.

찹스테이크

재료 | 소고기등심 300g, 양파 1/2개, 파프리카 색깔별로 1/4조각씩, 버섯, 브로콜리, 마늘 2알, 허브솔트
소스 : 돈가스소스 4T, 케첩 2T, 굴소스 1T, 올리고당 2T

1 소고기는 키친타월로 핏물을 제거한다.
2 먹기 좋게 자른 후 올리브유 1T, 허브솔트에 10분 정도 재워둔다.
3 채소는 깍둑썰기해 준비한다.
4 분량의 소스를 섞어준다.
5 올리브유를 두르고 편썰기한 마늘을 넣고 볶다가 마늘향이 올라오면 고기를 넣고 볶는다.
  소스 분량의 반을 넣는다.
6 고기가 익으면 채소를 넣고 남은 소스를 넣고 함께 볶아준다.

케이준치킨샐러드

 재료 | 팝콘치킨(150쪽 참고), 샐러드 채소, 삶은 달걀 1개, 방울토마토 5개, 블루베리
소스 : 마요네즈 3T, 머스터드 1T, 올리고당 1T, 다진 피클 1+1/2T, 다진 양파 1+1/2T,
파르메산치즈 1/2T, 후추 약간

1 분량의 소스를 만들어둔다.
2 재료를 준비한다.
3 샐러드 채소는 먹기 좋게 잘라 깔아준다.
4 달걀과 방울토마토를 놓아준다.
5 팝콘치킨은 튀겨준다.
6 팝콘치킨을 올려주고 블루베리도 놓아준다.

콩국수

 재료 | 콩물 450ml, 쫄면사리 1개, 오이 1/4개, 방울토마토 4개, 삶은 달걀 1개, 치즈, 김, 스위트콘, 튀긴 스파게티면

1 달걀은 컷팅기로 잘라준다.
2 치즈와 김으로 눈을 만들어 붙여주고 스위트콘에 튀긴 스파게티면을 꽂아준다.
3 하트 도시락 픽이나 이쑤시개에 하트스티커를 양면에 붙여준다.
4 콩물과 쫄면사리를 준비한다.
5 삶은 쫄면을 담고 콩물을 부어주고 채썬 오이와 토마토도 올려준다.
6 달걀을 올려준다.

토마토떡볶이

재료 | 떡볶이떡 500g, 껍질 벗긴 토마토 1개, 삶은 달걀 3개, 김, 다시마육수, 대파
소스 : 고추장 1T, 맛간장 1T, 설탕 2T, 케첩 3T, 물엿 1T

1. 껍질 벗긴 토마토는 썬다.
2. 다시마 육수 2컵에 토마토를 넣고 끓이다가 떡을 넣고 끓여준다.
3. 분량의 소스를 넣고 끓여준다.
4. 대파를 넣고 끓인다.
5. 삶은 달걀에 김을 잘라 귀와 입을 만든다.
6. 김을 잘라 눈과 코를 만든다.

토마토카레

 재료 | 닭다리살 4조각(360g), 양파 1개(200g), 감자 2개(360g), 당근 2/3개(80g), 껍질 벗긴 토마토 2개, 완두콩 60g, 고형 카레 3조각, 우유, 소금, 후추

1   양파는 채썰고 감자, 당근은 깍뚝썰기한다.
2   닭다리살은 소금, 후추를 뿌려 노릇하게 구워준다.
3   껍질 벗긴 토마토는 썰어 놓고 완두콩도 살짝 데친다.
4   양파는 갈색이 되게 충분히 볶는다.
5   감자, 당근을 넣고 익을 만큼 볶은 다음, 닭다리살도 넣고 볶아준다.
6   물 2컵을 넣고 토마토, 고형카레 3조각, 완두콩을 넣고 끓이다가 우유 4T를 넣고 끓여준다.

○ CHAPTER 6 ○

김밥

밥을 싫어하는 아이에게 간단하고 귀여운 김밥으로 먹여보세요.

달걀말이김밥

재료 | 밥, 김밥김, 소시지, 시금치, 달걀 2개, 밀가루, 참기름, 맛소금

1 달걀에 소금 1꼬집, 설탕 1꼬집을 넣고 섞어준다.
2 체에 내려준다.
3 소시지는 뜨거운 물에 데쳐준다.
4 소시지에 밀가루를 묻혀준다.
5 약불에 달걀물로 지단을 만들어준다.
6 시금치 잎을 깔고 소시지를 넣는다.
7 말아준 후 달걀물을 부어가며 말아준다.
8 김발로 말아준다.
9 달걀말이에 맞춰 김을 자른 후, 참기름, 맛소금을 약간 넣고 섞은 밥을 깔고 달걀말이를 놓는다.
10 김밥에 참기름을 바르고 빵칼로 썰어준다.

곰돌이김밥

 재료 | 밥, 소시지, 체다치즈, 치즈, 김

1 소시지 길이에 맞춰 김을 2장 겹쳐 자른다.
2 소시지는 끓는 물에 데친 후 따뜻할 때 1의 자른 김에 말아준다.
　끝부분에 물을 묻혀 말아준다.
3 밥에 참기름, 맛소금을 약간 넣고 섞어준다.
4 1의 자른 김을 놓고 밥을 얇게 편 후 2를 넣고 말아준다.
5 밥을 소복이 쌓아준다.
6 1의 짧은 김에 밥을 넣고 말아 귀를 만들어준다.
7 김밥에 참기름을 바른 뒤 빵칼로 잘라주고 귀는 가위로 잘라준다.
8 김을 잘라 인중을 만들어준다.
9 빨대, 가위, 김 펀치로 눈, 코, 입을 만들어준다.
10 체다치즈를 빨대로 찍어 귀를 꾸며준다.

달팽이김밥

 재료 체다치즈 2장, 샌드위치햄 8장, 청상추 2장, 밥, 치즈, 김

1 치즈 2장은 2등분한다.
2 김에 치즈 2장씩 깔고 접어 말아준다.
3 샌드위치햄은 4장씩 겹쳐 깐 후 말아준다.
4 밥에 참기름, 맛소금을 조금 넣고 섞어준다.
5 김에 밥을 얇게 편다.
6 청상추는 길게 썰어 깔아준다.
7 2와 3을 놓고 사이에 밥으로 채워준다.
8 밥을 얇게 덮고 말아준다.
9 김밥에 참기름을 바르고 빵칼로 썰어준다.
10 모양틀과 김 펀치를 이용해 눈을 만들어준다.

스팸무스비

재료 | 백미밥, 흑미밥, 스팸 2조각, 달걀 2개, 시금치나물, 김밥김, 참기름, 깨

1 스팸은 구워주고, 달걀은 소금 1꼬집을 넣고 스팸 크기로 지단을 부쳐준다.
2 스팸 크기에 맞게 지단을 잘라준다.
3 스팸통에 랩을 깔고, 참기름과 깨를 넣고 섞은 밥을 눌러 담아준다.
4 시금치나물을 깔아준다.
5 달걀지단을 올린다.
6 스팸을 올린다.
7 밥을 올린다.
8 꾹 눌러준 후 랩을 잡아당긴다.
9 스팸 크기에 맞춰 자른 김에 밥을 올린 후 랩을 제거하고 말아준다.
10 김에 참기름을 바른 뒤 빵칼로 썰어준다.

냥이댕이유부초밥

재료 시판 네모유부초밥 12개(160g), 당근 40g, 소고기 120g, 밥 250g, 김, 케첩
소고기 양념 : 마늘 1t, 매실액 1t, 간장 1T, 맛술 1t, 올리고당 1t, 후추

1. 소고기는 분량의 양념으로 10분 정도 재워둔다.
2. 당근을 잘게 다진다.
3. 1과 2는 잘 볶아준다.
4. 밥에 3을 넣고 동봉된 배합초와 후리가케를 넣고 잘 섞어준다.
5. 4등분해 한 조각에 3개씩 만들 수 있도록 한다.
6. 에이드용 빨대와 일공 펀치로 눈을 만든다.
7. 일공 펀치로 김을 뚫어 코를 만들고, 가위로 잘라 인중과 무늬를 만들어준다.
8. 모양깍지로 동그랗게 뚫고 붙여준다.
9. 일공 펀치와 김 펀치를 이용해 눈, 코, 입을 만든다.
10. 이쑤시개로 케첩을 찍어 볼 터치를 표현해준다.

토끼김밥

 재료 | 길고 가는 소시지 2개, 밥, 김밥김, 케첩, 참기름, 맛소금

1 김은 2등분하고, 소시지는 데쳐 놓는다.
2 소시지는 따뜻할 때 김으로 돌돌 말아둔다.
3 밥은 참기름, 맛소금으로 간한다.
4 김 위에 밥을 얇게 펴고 2를 놓아준다.
5 밥을 소복이 쌓아준다.
6 2등분한 김에 밥을 깔고, 납작하게 말아 귀를 만든다.
7 김밥에 참기름을 바른 후 잘라주고, 귀는 가위로 잘라준다.
8 빨대와 김 펀치를 이용해 눈을 만들어준다.
9 김을 잘라 수염을 만들어준다.
10 약통에 케첩을 넣고 짜서 코를 만들어준다.

◦ CHAPTER 7 ◦

빵·샌드위치

특별한 날에 좋아하는 재료를 가득 넣고
샌드위치나 햄버거, 피자를 만들어주세요.

BLT샌드위치

 재료 | 잡곡빵 4개, 삶은 달걀 3개, 로메인상추 8장, 베이컨 6장, 토마토 1개, 소금, 후추, 마요네즈, 머스터드

1 달걀에 소금, 후추 약간, 마요네즈 1T를 넣고 버무려준다.
2 잡곡빵은 살짝 구워준 후 마요네즈와 머스터드를 펴 발라준다.
3 달걀을 올려준다.
4 로메인상추를 올리고 토마토를 올려준다.
5 바싹 구운 베이컨을 올린 후 빵을 덮고, 유산지로 단단히 싼 후 빵칼로 썰어준다.

길거리토스트

재료 | 식빵 4개, 달걀 3개, 양파 30g, 당근 30g, 양배추 50g, 치즈 2장, 샌드위치햄 2장, 딸기잼, 머스터드, 케첩, 설탕, 소금

1 재료는 채썬다.
2 달걀 3개에 1을 넣고, 설탕 1t, 소금 2꼬집을 넣고 섞어준다.
3 빵은 노릇하게 구워주고, 달걀물을 네모 모양으로 부친다.
4 딸기잼을 바른다.
5 달걀, 치즈, 햄 순으로 올리고 케첩과 머스터드, 설탕을 뿌리고 빵을 덮는다.

또띠아롤

재료 | 또띠아 2장, 베이컨 4장, 방울토마토 6개, 양상추(혹은 이자벨), 치킨텐더(152쪽 참고) 4조각
소스 : 케이준치킨샐러드(176쪽 참고) 또는 머스터드 2T + 마요네즈 1T

1   또띠아는 찜기에 살짝 찌거나 전자레인지에 30초 정도 돌려준 후 분량의 소스를 발라준다.
2   이자벨을 깔아준다.
3   바싹 구운 베이컨 2조각, 치킨텐더 2조각, 방울토마토, 소스를 넣는다.
4   돌돌 말아준다.
5   유산지로 단단히 싸준 후 비스듬히 잘라준다.

또띠아피자

 재료 | 또띠아 4장, 양파 작은 것 1개, 소시지 2개, 새송이버섯 1/2개, 스위트콘, 토마토소스 5T, 껍질 벗긴 토마토 1개, 시금치, 피자치즈, 파슬리가루

1 양파와 버섯은 다지고 소시지는 얇게 썬다.
2 1의 재료를 볶아준다.
3 2에 토마토소스 5T, 스위트콘을 넣고 볶는다. 소스 남은 것은 지퍼백에 소분하여 얼려 놓는다.
4 또띠아에 소스를 바르고 시금치 잎을 얹어준다.
5 피자치즈를 뿌리고 파슬리 가루도 뿌려준다. 185℃ 예열한 오븐에 7분 정도 구워준다.
　오븐사항에 따라 다르니 맞춰 굽는다.

마늘피자

재료 또띠아 2장, 다진 마늘 1+1/2T, 올리브유 1T, 올리고당 1T, 피자치즈 약간, 아몬드 슬라이스, 파슬리가루, 꿀 적당량

1 올리브유 1T에 다진 마늘 1+1/2T를 넣고 볶다가 올리고당 1T를 넣고 섞어준다.
2 또띠아에 피자치즈를 뿌려준다.
3 2 위에 또띠아를 덮어준다.
4 1을 바르고 피자치즈를 올려준다.
5 아몬드 슬라이스와 파슬리가루를 뿌리고 185℃에 7분 정도 굽는다. 오븐사항에 따라 다르니 맞춰 굽는다.
6 꿀을 따로 담아 함께 낸다.

모닝샐러드빵

 **재료** 모닝빵 10개, 감자 260g, 삶은 달걀 2개, 오이 1/3개, 크래미 3개, 샌드위치햄 3장, 사과 1/2개, 치즈, 체다치즈, 소금, 후추, 마요네즈, 머스터드

1   감자는 삶아 준비하고, 오이는 소금을 조금 넣고 5분 정도 절인 후 물을 꼭 짜주고, 햄과 사과는 잘게 다져 준비한다.
2   감자, 달걀은 으깨고 재료를 넣고 섞어준다.
3   소금, 후추를 약간 넣고 마요네즈 4T, 머스터드 1T를 넣고 섞어준다.
4   치즈와 김은 모양틀과 김 펀치를 이용하여 모닝빵에 붙여준다.
5   체다치즈로 모양틀을 이용하여 귀를 만들어준다.

몬테크리스토샌드위치

재료 | 식빵 6개, 슬라이스햄 8장, 체다치즈 4장, 딸기잼, 머스터드, 달걀 3개, 우유 3T, 버터

1 식빵은 테두리를 잘라준다.
2 한쪽 면에는 머스터드, 한쪽 면에는 딸기잼을 바른다.
3 머스터드를 바른 빵 위에 체다치즈, 슬라이스햄을 얹고 딸기잼 바른 빵을 덮는다.
4 3의 빵 위에 머스터드를 바르고 다른 빵 1개에는 딸기잼을 바른다.
5 머스터드를 바른 빵 위에 치즈와 햄을 얹고 딸기잼 바른 빵을 덮는다.
6 튀어나오는 면이 없도록 크기를 맞춘다.
7 달걀 3개와 우유 3T를 섞어준다.
8 달걀물을 골고루 입혀준다.
9 버터 두른 팬에 옆면까지 골고루 익혀준다.
10 'X'자로 잘라준다.

불고기버거

재료 햄버거빵 2개, 체다치즈 2장, 양파 1/2개, 양상추(혹은 이자벨), 토마토 2조각, 떡갈비 2장, 마요네즈, 돈가스소스, 머스터드

1 햄버거빵은 살짝 구워주고, 양파도 노릇하게 구워주고, 떡갈비도 충분히 익혀준다.
2 빵에 마요네즈와 머스터드를 펴 발라준다.
3 떡갈비를 얹고 돈가스소스와 마요네즈를 뿌려준다.
4 구운 양파를 얹어준다.
5 치즈, 이자벨, 토마토를 얹고 빵으로 덮어준다.

치아바타샌드위치

 재료 | 치아바타, 새우 7마리, 양파 1/2개, 로메인상추, 토마토 3조각, 슬라이스햄 2조각, 홀그레인 머스터드, 마요네즈

1   팬에 버터를 조금 넣고, 새우는 허브솔트를 뿌려 구워주고, 양파도 구워준다.
2   치아바타에 홀그레인 머스터드와 마요네즈를 발라준다.
3   로메인상추를 깔고 그 위에 토마토와 양파를 놓는다.
4   슬라이스햄을 접어 놓는다.
5   새우를 놓고 빵을 덮어준다.

밥상이 풍성해지는 과일 장식

딸기 하트

재료 딸기, 소면, 부추

1 딸기는 'V'자로 판다.
2 반을 자른다.
3 소면과 부추를 이용해 꾸며준다.

수박 상어

재료 애플수박 1통, 치즈, 블루베리

1. 꼭지 쪽을 비스듬하게 잘라준다.
2. 스쿱이나 수저를 이용하여 너무 얇지 않게 파준다.
3. 칼로 입을 파준다.
4. 3cm 정도 길이로 테두리를 칼로 선을 긋고 얇게 저며준다.
5. 이빨 모양을 잘라준다.
6. 치즈는 틀에 찍어 붙이고, 블루베리에 이쑤시개를 꽂아 고정하고, 지느러미도 잘라 이쑤시개를 꽂아 고정해준다.

자몽 곰

재료 자몽, 치즈, 김

1 자몽은 반으로 자른 후 모양틀과 모양깍지를 이용해 치즈를 찍어 붙여주고, 김을 가위로 잘라 눈, 코, 입을 만들어준다.

2 모양깍지로 자몽 껍질을 찍어 귀를 만들어준다.

체크 사과

재료 사과, 설탕물

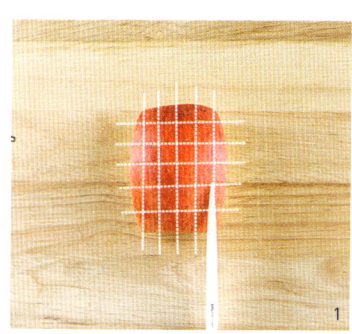 

1 사과는 반으로 자른 후 3등분한다. 세울 수 있도록 씨 있는 부분을 평평하게 잘라준다. 과도로 체크무늬 칼집을 내준다.
2 뾰족한 칼끝으로 뜯어준다. 설탕물을 발라 갈변을 방지한다.

키위 선인장

재료 키위 2개, 소면, 방울토마토, 치즈, 김

1. 키위 1개는 껍질을 벗겨 반으로 가르고, 다른 1개는 반으로 자른 후 화분 모양으로 잘라준다.
2. 치즈와 김으로 눈을 만들고 방울토마토로 입을 만든다. 동그란 모양틀로 키위를 찍어 붙여준다. 소면도 잘라 꽂아준다.

올록볼록 키위

재료 키위 2개

1 깨끗이 씻은 키위를 끝이 뾰족한 칼로 지그재그로 깊이 지르며 1바퀴 돌린다.
2 양쪽을 잡고 분리한다.

밥상이 풍성해지는 과일 주스

바나나주스

재료 바나나 2개, 우유 2/3컵, 얼음

수박 주스

재료 수박 260g, 얼음, 소금 약간, 당도에 따라 꿀이나 올리고당 추가

블루베리주스

재료 블루베리 120g, 우유 100ml, 요거트 60g, 얼음, 꿀 약간

요거트는 주스 위에 얹어주고 블루베리생과와 어린잎으로 장식한다.

토마토주스

재료 껍질 벗긴 토마토 2개, 얼음, 꿀 1T, 소금 약간, 물 2T

키위주스

재료 키위 2개, 물 100ml, 바나나 엄지손가락 길이 정도, 얼음, 꿀 약간

PART 4
다양한 용기에 담는 밥상

같은 메뉴라도 담는 용기에 따라 변신이 가능합니다. 싫증을 잘 느끼고 새로운 것을 좋아하는 아이들에게 때론 도시락에, 때론 식판에, 때론 트레이에, 때론 큰 접시에 예쁘게 담아주어 흥미를 가지고 먹을 수 있도록 해주세요. 이 방법은 특히 아이가 먹는 양을 한눈에 알 수 있어서 좋아요.

"오늘은 어디에 먹을까?" 하며 접시, 도시락, 식판 등을 고르라고 해보세요. 젓가락, 숟가락도 색깔별로 준비해놓고 "오늘은 어떤 것으로 먹을까?" 하고 직접 고르게 해서 먹는다는 행위에 흥미를 느끼게 해보세요.

○ CHAPTER 1 ○

도시락에 담아 냠냠!

집에서 먹을 때에도 도시락으로 먹으면 색다른 기분이 들어요.
늘 먹던 식탁에서 먹어도 좋지만 돗자리를 깔고
거실이나 베란다나 다른 방에서 먹어도 좋아요.

아이에게 먹을 장소를 정하게 하고 도시락을 맛있게 다 먹으면 보물찾기를 해보세요.
집안 곳곳에 쪽지로 보물들을 적어놓고 찾아보게 하면 좋아요. 물론 '꽝'도 넣으세요.

토끼 도시락

 메뉴 차돌두부조림 … 144쪽
토끼밥 … 40쪽
딸기
꼬들단무지무침 … 122쪽
시금치치즈나물 … 135쪽

1 차돌두부조림을 담는다.

2 쪽파를 가운데에 한 줄로 뿌려준다.

3 깨를 가운데에 한 줄로 뿌려준다.

4 랩으로 밥을 뭉쳐 토끼 얼굴, 몸통, 팔, 귀를 만들어준다.

5 랩을 벗기고 위생장갑을 끼고 밥을 도시락통 안에 넣고, 눈, 코, 인중을 붙여준다.

6 칼집을 내어 물에 데친 소시지를 토끼 품에 안겨준다. 치커리로 당근잎도 표현해준다.

7 시금치치즈나물을 담아준다.

8 딸기를 담아준다.

9 꼬들단무지무침을 담아준다.

토토로 도시락

 메뉴 김달걀말이 … 127쪽
스팸 토토로 … 60쪽
어린잎 샐러드
그릭요거트, 딸기
스위트콘

1 치커리나 로메인 상추를 깔아준다.
2 달걀말이를 담는다.
3 하트로 자른 방울토마토를 담는다.
4 밥을 평평하게 담아준다.
5 스팸 토토로를 올린다.
6 뜨거운 밥을 김에 싸고 뭉쳐 눈을 붙여준다.
7 어린잎 샐러드를 담고 좋아하는 드레싱을 뿌려준다.
8 그릭요거트를 담고 딸기를 펼쳐 올려준다.
9 스위트콘을 담아준다.

오리 도시락

 메뉴 훈제오리볶음 … 146쪽
오리밥 … 36쪽
쌈무
부추무침
참외

1 강황밥을 랩으로 싸 두 덩이를 만들어 담는다.
2 5mm 두께로 자른 당근으로 칼로 오려 만든 입을 붙여준다.
3 김을 잘라 눈을 붙여준다.
4 치커리를 깐다.
5 훈제오리볶음을 담는다.
6 깨를 한 줄로 뿌려준다.
7 참외, 부추무침(맛간장 약간, 참기름 약간, 고춧가루 약간), 쌈무를 담아준다.
8 쌈무를 가위로 잘라 귀를 붙여준다.
9 김으로 눈, 코, 입을 붙여준다.

달팽이 도시락

 메뉴 달팽이김밥 … 190쪽
           볶음김치 … 133쪽
           스위트콘
           그릭요거트, 견과류
           키위

1 눈 붙이지 않은 달팽이 김밥을 담는다.

2 달팽이 김밥에 김 펀치로 뚫거나 가위로 자른 김으로 눈을 표현해준다.

3 치커리로 사이사이 틈을 메워준다.

4 볶음김치를 담는다.

5 쪽파를 한 줄로 뿌려준다.

6 깨를 한 줄도 뿌려준다.

7 스위트콘을 담는다.

8 그릭요거트를 담고 다진 견과류를 뿌린다.

9 키위를 담는다.

크리스마스 트리 도시락

 메뉴 돈가스
시금치 트리 … 88쪽
토마토마리네이드 … 145쪽
스위트콘
블루베리

1 채썬 양배추를 담아준다.
2 돈가스를 잘라 올린다.
3 파슬리가루를 한 줄로 뿌려준다.
4 밥을 평평하게 담는다.
5 시금치로 트리 모양을 만들어준다.
6 당근으로 별과 꽃을 식빵 테두리로 나무를 만들어준다.
7 토마토마리네이드를 담는다.
8 스위트콘을 담는다.
9 블루베리를 담는다.

○ CHAPTER 2 ○

트레이에 담아 냠냠!

트레이에 아기자기한 접시를 놓으면 식사시간이 즐거워져요.
비싼 접시 세트를 한 번에 구입하는 것보다는 적당한 가격의
예쁘고 작은 접시로 자주 바꿔주는 게 좋아요.

- 소__만 접시에 식섭 음식을 담아보게 해주세요.
- 작은 접시들은 설거지를 해보게 하는 것도 좋아요.
- 함께 요리하고 치우고 하는 과정에 참여하게 함으로써 음식에 대한 소중함과 즐거움을 알게 해주세요.

고양이 트레이

| **메뉴** | 목살김치찌개 … 114쪽
고양이 달걀프라이 … 49쪽
적양파피클 … 124쪽
땅콩조림 … 122쪽
콩자반 … 124쪽
멸치고추장볶음 … 123쪽

젖소 트레이

 **메뉴** 찹스테이크 … 174쪽
소밥 … 32쪽
멸치고추장볶음 … 123쪽
꼬들단무지무침 … 122쪽
웨지감자(냉동식품)
세발나물무침 … 134쪽

꼬꼬 트레이

 메뉴 닭볶음탕 … 162쪽
꼬꼬밥 … 26쪽
세발나물무침 … 134쪽
연두부샐러드 … 123쪽
병아리 달걀프라이 … 52쪽

토끼 트레이

 메뉴 부추전 … 129쪽
김치 토끼 … 85쪽
감자 샐러드(210쪽 모닝샐러드빵 참고)
땅콩조림 … 122쪽
멸치고추장볶음 … 123쪽
차돌된장찌개 … 120쪽
콩나물무침 … 134쪽

돼지 트레이

 메뉴 목살김치찌개 … 114쪽
돼지밥 … 28쪽
사과달걀말이 … 130쪽
김
수박

악어 트레이

 **메뉴** 달걀말이
등갈비김치찜 … 139쪽
세발나물 악어(86쪽 세발나물 공룡 참고)
미역국
호박나물
딸기 하트 … 218쪽
요거트

연어 트레이

 메뉴 | 치킨텐더 … 152쪽
케이준치킨샐러드소스 … 176쪽
연어회
꼬들단무지무침 … 122쪽
토마토마리네이드 … 145쪽

∘ CHAPTER 3 ∘

접시에 담아 냠냠!

큰 접시에 아이들이 좋아하는 걸로만 가득가득 담아주세요.
집에서 외식하는 기분이 들도록 분위기를 내보세요.
색다른 식탁보를 깔거나 냅킨을 나눠주며
근사한 식당에 온 것처럼 연출해보는 것도 좋아요.

- 레스토랑 놀이를 해보세요. 메뉴판도 만들어 음료와 디저트를 고를 수 있게 해주면 좋아요.
- 음식 가격은 뽀뽀 한 번, 윙크 한 번 등 재미있는 것들로 만들어주세요.
- 글을 모르는 아이들은 그림이나 스티커를 이용해서 꾸며주면 좋아요.

토끼 원플레이트

 메뉴
목살스테이크 … 166쪽
토끼밥 … 40쪽
토끼 달걀프라이 … 53쪽
파인애플, 방울토마토, 그린빈, 감자튀김(냉동식품)
*완성사진 속 모닝빵 곰 … 78쪽

1 토끼밥을 담는다.
2 목살스테이크를 담는다.
3 감자튀김을 담는다.
4 파인애플과 그린빈은 구워서 담고 방울토마토도 담는다.
5 토끼 달걀프라이를 얹어준다.

곰돌이 원플레이트

 메뉴   함박 곰 … 64쪽
               곰 달걀프라이 … 50쪽
               체크 사과 … 221쪽
               웨지감자(냉동식품)
               샐러드, 과일, 리코타치즈(시판제품), 아몬드 슬라이스

1 양상추를 놓고 방울토마토, 블루베리를 얹고 리코타치즈를 얹어준 후 아몬드 슬라이스를 뿌려준다.
2 웨지감자와 체크 사과를 담는다.
3 함박 곰을 담는다.
4 곰 달걀프라이를 얹어준다.
5 밥 뜨는 도구를 이용해서 밥을 담아준다.

곰곰 원플레이트

| 메뉴 | 돈가스 곰 … 56쪽
곰밥 … 22쪽
올록볼록 키위 … 223쪽
양배추, 로메인상추, 방울토마토

1 돈가스곰을 담는다.
2 양배추와 로메인상추를 담는다.
3 올록볼록 키위와 토마토를 담는다.
4 치즈와 김을 이용해 몸과 팔을 만들어준다.
5 곰밥을 담는다.

토토로 원플레이트

 메뉴 토토로밥 … 42쪽
팝콘치킨 … 150쪽
케이준치킨샐러드소스 … 176쪽
먼지
양상추, 과일

TIP 먼지 만들기

먼지는 김에 뜨거운 밥을 감싼 후 랩으로 동그랗게 말아주고 치즈와 김으로 눈을 만들면 된다.

1 양상추를 담는다.
2 과일을 담는다.
3 팝콘치킨을 담는다.
4 토토로밥을 놓고 먼지를 놓는다.
5 당근을 알파벳 쿠키틀로 찍어 TOTORO를 만들어준다.

호빵맨 원플레이트

 메뉴 | 닭데리야키 … 160쪽
토마토달걀볶음 … 142쪽
오이나물 … 136쪽
호빵맨밥 … 259쪽
양배추

TIP 호빵맨밥 만들기

밥을 랩으로 동그랗게 뭉쳐 눌러준 후 콩으로 눈을, 김으로 눈썹과 입을, 방울토마토를 잘라 코와 볼을 만든다.

1 양배추를 담는다.
2 호빵맨밥을 담는다.
3 닭데리야키구이를 담는다.
4 토마토달걀볶음을 담는다.
5 오이나물을 담는다.

◦ CHAPTER 4 ◦

식판에 담아 냠냠!

유치원에서처럼 식판에 담아서 주면 좋아요.
골고루 먹일 수 있고 엄마가 먹는 양을 확인할 수 있어서 좋아요.
식판 한쪽에 좋아하는 과일이나 마이쮸 등 좋아하는걸 담아주고
다 먹었을 때 마지막으로 먹을 수 있게 해주세요.

- 매끼 국을 줄 필요는 없어요. 국을 좋아하는 아이에겐 국그릇에 담아주세요.
- 유치원처럼 식판을 들고 오면 반찬을 담아주거나 직접 먹을 만큼 담게 해주세요.
- 이날만은 엄마를 선생님이라 불러도 좋아요.

찰리브라운 식판

 메뉴 | 찰리브라운밥 … 38쪽
　　　　　닭데리야키 … 160쪽
　　　　　토마토카레 … 182쪽
　　　　　요거트, 과일

공룡 식판

 메뉴 용가리치킨 공룡 … 62쪽
　　　　　　　볶음김치 … 133쪽
　　　　　　　스크램블 공룡(공룡틀에 스크램블 눌러 담기)
　　　　　　　머스터드
　　　　　　　마이쭈
　　　　　　　양배추
　　　　　　　과일

토끼 식판

|  메뉴 | 목살스테이크 … 166쪽
토끼 달걀프라이 … 53쪽
토끼밥 … 40쪽
감자튀김(냉동식품)
케첩
방울토마토
샐러드 |

아기토끼 식판

메뉴
깍두기볶음밥 … 92쪽
메추리알토끼 달걀프라이 … (53쪽 토끼 달걀프라이 참고)
샐러드
토마토, 바나나
마이쮸, 블루베리
스위트콘
비엔나소시지

스누피 식판

 메뉴 토마토떡볶이 … 180쪽
달걀말이김밥 … 186쪽
오징어튀김
양배추
하트딸기
마이쭈

토토로 식판

 **메뉴** | 해시브라운 토토로 … 68쪽
감자소시지볶음 … 138쪽
연두부샐러드 … 123쪽
케첩
마이쭈

햇님 식판

 메뉴
소고기볶음밥 … 98쪽
토마토달걀볶음 … 142쪽
크루아상
적양파피클 … 124쪽
블루베리
스위트콘
방울토마토

밥도그 식판

 **메뉴** | 밥도그 … 94쪽
요거트, 과일
머스터드
마이쭈

오리 식판

 **메뉴** 무쌈말이 … 140쪽
오리밥 … 36쪽
딸기 하트 … 218쪽
웨지감자(냉동식품)

꼬꼬 식판

메뉴
- 닭날개구이 … 164쪽
- 강황밥
- 오리 달걀프라이
- 요거트
- 블루베리
- 연어
- 딸기 하트 … 218쪽
- 세발나물무침 … 134쪽

곰가족 식판

 메뉴
꼬마돈가스 강아지 … 58쪽
곰밥 … 22쪽
올록볼록 키위 … 223쪽
방울토마토
시금치 곰
사과달걀말이 … 130쪽

곰돌이 식판

 메뉴 곰돌이김밥 … 188쪽
라면
김치 곰 … 84쪽
붕어빵